I DJEGUR: UDHËZUES I FUNDIT PËR TË BARBEKUAR PESHQIT

Nga peshku i freskët tek perfeksioni i pjekur në skarë me flakë: 100 receta ushqimesh deti në skarën tuaj

Flutura Spahiu

Materiali për të drejtat e autorit ©2024

Të gjitha të drejtat e rezervuara

Asnjë pjesë e këtij libri nuk mund të përdoret ose transmetohet në çfarëdo forme apo mjeti pa pëlqimin e duhur me shkrim të botuesit dhe pronarit të së drejtës së autorit, përveç citimeve të shkurtra të përdorura në një përmbledhje. Ky libër nuk duhet të konsiderohet si zëvendësim i këshillave mjekësore, ligjore ose të tjera profesionale.

TABELA E PËRMBAJTJES

TABELA E PËRMBAJTJES...3
PREZANTIMI...7
SALMON...9
1. SALMON BARBECUE ME XHAM PANJE...10
2. SALMON BARBECUE ME HUDHËR ME MJALTË............................12
3. SALMON ME ERËZA TË FËRKUAR ME BARBECUE.......................14
4. SALMON BARBECUE ME XHAM TERIYAKI....................................16
5. LIMON BARBECUE SALMON..18
6. SALMON ME SKARË ME XHENXHEFIL PORTOKALLI....................20
7. SALMON I TYMOSUR I ËMBËLSUAR ME FËRKIM ME XHENXHEFIL PORTOKALLI..22
8. SALMONI VERIPERËNDIMOR I PAQËSORIT ME SALCË KOPËR LIMONI..24
9. FILETO SALMON I FRESKËT I TYMOSUR S..................................26
10. SALMON BBQ NË ALASKË..28
11. FILETO SALMON I TYMOSUR...31
12. SALMON BBQ NË ALASKË..33
13. BIFTEK SALMON I PJEKUR NË SKARË ME AÇUGE....................35
14. SKAJET E DJEGURA TË SALMONIT TË TYMOSUR....................38
15. SALMON I TYMOSUR ME RUM..41
TUNA...44
16. BIFTEKË TUNA ME SOJE TË PJEKUR NË SKARË......................45
17. TON PIKANT CAJUN I PJEKUR NË SKARË.................................47
18. SKEWERS ME TON ME GËLQERE ME MJALTË..........................49
19. BARK TUNA I TYMOSUR JUICY LIME...51
20. TUNA E PJEKUR WASABI...53
21. TUNA I TYMOSUR I KRIPUR...55
22. TUNA ME SALCË TË TYMOSUR A...57
23. BARKU I PESHKUT TË TYMOSUR...59
24. TUN I PJEKUR NË SKARË BAYOU...63
GAFORRJA..65
25. KËMBËT E GAFORRES NË BARBEKJU ME GJALPË HUDHRE........66
26. ËMBËLSIRA ME GAFORRE TË PJEKUR NË SKARË ME SALCË REMOULADE..68
27. GAFORRJA E TYMOSUR..71

28. XHENXHEFIL ME KANELLË GAFORRJA E TYMOSUR 73
29. KËMBËT E TYMOSURA TË GAFORRES SË MBRETIT 75
30. GAFORRE TË PJEKURA NË SKARË 78
KAKAKALE DHE KAKADELE 80
31. SKEWERS KARKALECA ME MARINADË BARISHTE LIMONI 81
32. TACOS ME KARKALECA NË BARBEKJU ME SALSA MANGO 83
33. KARKALECA NË BARBECUE ME HUDHËR MJALTË 86
34. KARKALECA ME ERËZA CAJUN NË BARBECUE 88
35. KARKALECA E TYMOSUR ME HUDHRA KAJENE 90
36. MEZE ME HELL KARKALECASH MOJO 92
37. SKEWERS USHQIM DETI ME XHAM MOLLË 94
38. KARKALECA E TYMOSUR 96
39. KARKALECA ME ERËZA BARBECUE 99
40. KARKALECAT E TYMOSURA 102
GOCA DETI 105
41. PERLE TË THJESHTA TË PJEKURA NË SKARË 106
42. HUDHRA ASIAGO OYSTERS 108
43. USABI PERLE 110
44. OSTERRA TË TYMOSURA 112
45. OSTERRA TË TYMOSURA ME ERËZA 115
SEABASS 117
46. LESHKË DETI I PJEKUR NË SKARË ME LIMON DHE GJALPË BARISHTORE 118
47. LEVREK NË BARBEKJU ME SALCË CHIMICHURRI 120
48. LEKËR DETI I PJEKUR NË SKARË TË STILIT AZIATIK 122
49. BAS ME VIJA ME GJUAJTJE CATTAIL 125
50. LESHKË DETI I PJEKUR NË SKARË MESDHETARE 128
51. MAYO - BASS I PJEKUR NË SKARË 131
52. BASS ME VIJA ME SALCË KARKALECASH 133
KARAVIDHE 136
53. BISHTA KARAVIDHE TË ËMBLA TË PJEKURA NË SKARË 137
54. BISHTAT E KARAVIDHEVE ME GJALPË LIMONI 139
55. BISHTAT E KARAVIDHEVE TË TYMOSUR 141
KUQE KUQ 144
56. SNAPPER E KUQE ME KORE SHEQERI 145
57. SNAPPER AGRUME NË SKARË ME ORIZ GËLQERE 147

58. SNAPPER E KUQE E PJEKUR NË SKARË ME MARINADË ME BARISHTE AGRUME..150
59. BQ SNAPPER E KUQE ME SALSA PIKANTE MANGO.................152
60. SNAPPER E KUQE CAJUN E PJEKUR NË SKARË........................154
61. E PJEKUR NË SKARË ME SALSA BORZILOKU ME DOMATE........156
PESHK I BARDHË (MERUC, HADDOCK, DHE HALIBUT, CRAPPIE, MACE)..158
62. PESHKU ME SPECA TË ZJARRTË..159
63. SKEWERS BARBECUED E PESHQIT..161
64. KOD I TYMOSUR..163
65. PESHK I PJEKUR NË SKARË ME GLAZURË DIJON....................165
66. BREKË E PJEKUR NË SKARË ME KOPËR..................................167
67. CRAPPIE ME PROSHUTË TË PJEKUR NË SKARË......................169
68. MUSTAK I TYMOSUR...171
69. MUSTAK I PJEKUR NË SKARË..173
70. FILETO HALIBUT E PJEKUR NË SKARË....................................175
MAHI MAHI, TROFË DHE SKUMRI..178
71. PIPER-KOPËR MAHI-MAHI..179
72. SKUMBRI I TYMOSUR ME GJALPË LIMONI ME SHËLLIRË ME KOKRRA DËLLINJË...181
73. TROFTË E TYMOSUR...183
74. TYMOSUR BRINED TROU T..185
75. MAHI-MAHI I TYMOSUR...187
76. TROFTË PËRROI BBQ..189
77. SKUMBRI I TYMOSUR NGA ALDER WOOD.............................191
78. TROFTË E PJEKUR NË SKARË ME QYMYR...............................195
79. TROFTA E KAMPIT TË PESHKUT...197
FISHAT..199
80. SKEWERS SCALLOP ME LIMON HUDHRA GJALPË....................200
81. FISTON TË MBËSHTJELLË ME PROSHUTË NË SKARË.............202
82. SALLATË ME SKALOP TË PJEKUR NË SKARË ME GLAZURË BALSAMIK...204
83. SCALLOPS DETI HONEY-CAYENNE...206
84. FISTON JUMBO TË PJEKUR NË SKARË ME AGRUME..............208
TILAPIA..210
85. SNAPPER E KUQE NË BARBECUE ME MARINADË AGRUME......211

86. TILAPIA E PJEKUR NË SKARË ME ERËZA CAJUN..................213
87. SNAPPER E KUQE E PJEKUR NË SKARË ME GJALPË BARISHTE HUDHËR..215
88. TILAPIA E PJEKUR NË SKARË ME BARISHTE LIMONI..................217
89. KARKALECA E TYMOSUR TILAPIA..........................219
90. TILAPIA E TYMOSUR..221
OKTOPOD..224
91. OKTAPOD I PJEKUR NË SKARË ME LIMON DHE HUDHËR..........225
92. OKTAPOD FOSHNJA E TYMOSUR..........................227
93. OKTAPOD I PJEKUR NË SKARË ME DËMTUES O..................229
94. OKTAPOD ME NENEXHIK NË BARBECUE..........................232
SHPAPSHTA..235
95. BIFTEKË SHPATË TË TYMOSUR..........................236
96. PESHKU SHPATË CAJUN I PJEKUR NË SKARË..................238
97. BIFTEKËT E PESHKUT SHPATË ME MARINADË BARISHTE LIMONI 240
98. S WORDFISH SKEWERS ME MARINADË..........................242
99. SHPATË ME LUSTËR ME HUDHËR ME MJALTË..................244
100. SPICY CAJUN SWORDFISH..........................246
PËRFUNDIM..248

PREZANTIMI

Mirë se vini në "DJEGUR: UDHËZUES I PËRFUNDIMTAR PËR TË BARBEKUON PESHQIT"! Ky udhëzues gjithëpërfshirës është porta juaj për të zhbllokuar shijet magjepsëse të ushqimeve të detit në skarën tuaj. Pavarësisht nëse jeni një mjeshtër i kalitur i skarës ose një entuziast fillestar, ky libër është krijuar për të ngritur aftësitë tuaja të kuzhinës dhe për të zgjeruar kuptimin tuaj për pjekjen e peshkut në skarë në përsosmëri.

Pjekja e peshkut në skarë është një formë arti që kërkon finesë, vëmendje ndaj detajeve dhe të kuptuarit e teknikave të ndryshme të gatimit. Nga filetot delikate deri te bifteket e përzemërt, ushqimet e detit ofrojnë një gamë të larmishme opsionesh për krijimin e pjatave të shijshme që me siguri do t'i bëjnë përshtypje familjes dhe miqve.

Në këtë libër, ju do të nisni një udhëtim kulinarie që eksploron nuancat e pjekjes së peshkut në skarë, nga zgjedhja e kapjes më të freskët deri tek zotërimi i artit të erëzave dhe pjekjes në skarë. Me 100 receta të kuruara me kujdes për të shfaqur shijet natyrale të ushqimeve të detit, do të mësoni se si të transformoni përbërës të thjeshtë në krijime të jashtëzakonshme kulinare.

Pavarësisht nëse preferoni të preferuarat klasike si salmoni dhe toni ose jeni të etur për të eksperimentuar me varietete më ekzotike si peshku shpatë dhe levreku, "Scorched" ka diçka për të gjithë. Çdo recetë është krijuar me përpikëri për të nxjerrë në pah karakteristikat unike të secilit lloj peshku, duke siguruar që çdo pjatë të jetë një simfoni e shijes dhe strukturës.

Përgatituni të çlironi mjeshtrin tuaj të brendshëm të skarës ndërsa zhyteni në botën e skarës së peshkut. Me këshilla të ekspertëve, udhëzime hap pas hapi dhe fotografi mahnitëse për t'ju udhëhequr gjatë rrugës, së shpejti do të zbuloni se pjekja e ushqimeve të detit në skarë nuk është vetëm një metodë gatimi, por një aventurë kuzhine që premton të ndezë shijet tuaja dhe të lartësojë natyrën tuaj të jashtme. përvojë ngrënie.

Pra, ndezni skarën tuaj, mblidhni përbërësit tuaj dhe përgatituni të nisni një udhëtim zbulimi kulinarie. Pavarësisht nëse jeni duke organizuar një barbekju në oborrin e shtëpisë ose thjesht dëshironi një darkë të shijshme me ushqim deti, "Scorched" është shoqëruesi juaj i fundit për të zotëruar artin e pjekjes së peshkut në skarë në përsosmëri.

SALMON

1. Salmon Barbecue me xham panje

PËRBËRËSIT:
- 4 fileto salmon
- 1/4 filxhan shurup panje
- 2 lugë salcë soje
- 2 thelpinj hudhre, te grira
- 1 lugë gjelle mustardë Dijon
- 1 lugë çaji paprika e tymosur
- Kripë dhe piper të zi për shije
- Copa limoni për servirje
- Majdanoz i freskët i grirë për zbukurim (opsionale)

UDHËZIME:
a) Në një tas të vogël, përzieni shurupin e panjës, salcën e sojës, hudhrën e grirë, mustardën Dijon, paprikën e tymosur, kripën dhe piperin e zi.
b) Vendosni filetot e salmonit në një enë të cekët dhe derdhni mbi to marinadën. Kthejeni për të veshur në mënyrë të barabartë. Marinojini në frigorifer për të paktën 30 minuta, ose deri në 2 orë.
c) Ngrohni grilin në nxehtësi mesatare. Hiqni salmonin nga marinada dhe hidhni marinadën e tepërt.
d) Vendosni filetot e salmonit në skarë, me anën e lëkurës poshtë. Piqeni në skarë për rreth 4-5 minuta nga çdo anë, ose derisa salmoni të jetë gatuar dhe të skuqet lehtësisht me një pirun.
e) Shërbejeni të nxehtë me copa limoni dhe sipas dëshirës zbukurojeni me majdanoz të grirë.

2. Salmon Barbecue me hudhër me mjaltë

PËRBËRËSIT:
- 4 fileto salmon
- 1/4 filxhan mjaltë
- 2 lugë salcë soje
- 2 thelpinj hudhre, te grira
- 1 luge vaj ulliri
- 1 lugë gjelle lëng limoni
- 1 lugë çaji paprika e tymosur
- Kripë dhe piper të zi për shije
- cilantro e freskët e copëtuar për zbukurim (opsionale)

UDHËZIME:
a) Në një tas të vogël, rrihni së bashku mjaltin, salcën e sojës, hudhrën e grirë, vajin e ullirit, lëngun e limonit, paprikën e tymosur, kripën dhe piperin e zi.

b) Vendosni filetot e salmonit në një enë të cekët dhe derdhni mbi to marinadën. Kthejeni për të veshur në mënyrë të barabartë. Marinojini në frigorifer për të paktën 30 minuta, ose deri në 2 orë.

c) Ngrohni grilin në nxehtësi mesatare. Hiqni salmonin nga marinada dhe hidhni marinadën e tepërt.

d) Vendosni filetot e salmonit në skarë, me anën e lëkurës poshtë. Piqeni në skarë për rreth 4-5 minuta nga çdo anë, ose derisa salmoni të jetë gatuar dhe të skuqet lehtësisht me një pirun.

e) Shërbejeni të nxehtë me cilantro të freskët të copëtuar për zbukurim.

3.Salmon me erëza të fërkuar me Barbecue

PËRBËRËSIT:
- 4 fileto salmon
- 2 lugë sheqer kaf
- 1 lugë spec djegës pluhur
- 1 lugë çaji paprika e tymosur
- 1 lugë çaji hudhër pluhur
- 1 lugë çaji pluhur qepë
- 1/2 lugë çaji piper i kuq (rregulluar sipas shijes)
- Kripë dhe piper të zi për shije
- Vaj ulliri për larje

UDHËZIME:
a) Në një tas të vogël, kombinoni sheqerin kaf, pluhurin djegës, specin e tymosur, pluhurin e hudhrës, pluhurin e qepës, piperin e kuq, kripën dhe piperin e zi për ta bërë Barbecue-n të fërkohet.
b) Thajini filetot e salmonit me peshqir letre. Lyejini lehtë të dyja anët e filetove të salmonit me vaj ulliri.
c) Fërkoni përzierjen e erëzave të Barbecue në mënyrë të barabartë në të dy anët e filetove të salmonit.
d) Ngrohni grilën në nxehtësi mesatare-të lartë. Vendosni filetot e salmonit në skarë, me anën e lëkurës poshtë.
e) Piqeni në skarë për rreth 4-5 minuta nga çdo anë, ose derisa salmoni të jetë gatuar dhe të skuqet lehtësisht me një pirun.
f) Shërbejeni të nxehtë me salcën tuaj të preferuar të barbekju anash, nëse dëshironi.

4. Salmon Barbecue me xham Teriyaki

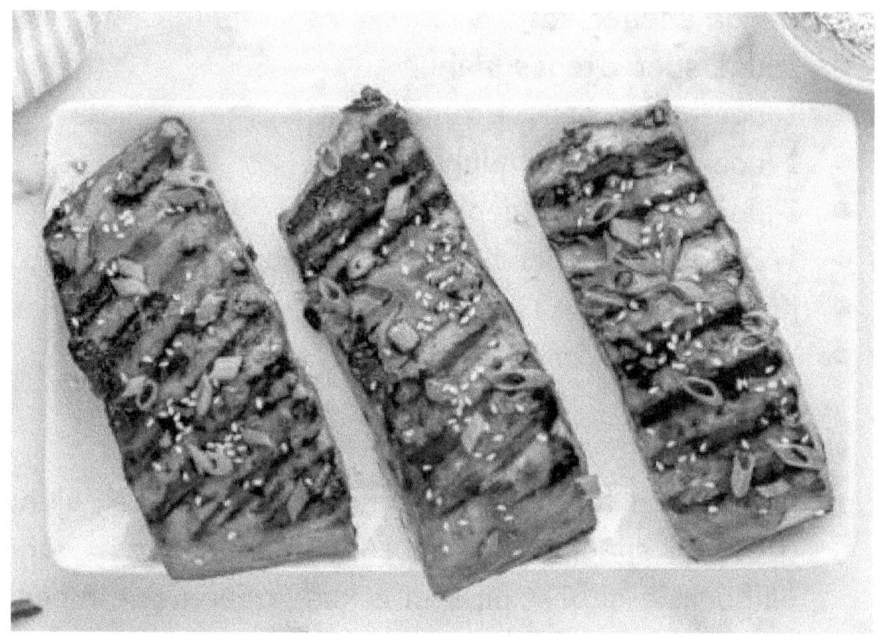

PËRBËRËSIT:
- 4 fileto salmon
- 1/2 filxhan salcë teriyaki
- 2 lugë mjaltë
- 2 thelpinj hudhre, te grira
- 1 lugë gjelle vaj susami
- 1 lugë gjelle uthull orizi
- 1 lugë çaji xhenxhefil të freskët të grirë
- Kripë dhe piper të zi për shije
- Qepë të gjelbra të prera në feta për zbukurim

UDHËZIME:
a) Në një tas të vogël, përzieni salcën teriyaki, mjaltin, hudhrën e grirë, vajin e susamit, uthullën e orizit, xhenxhefilin e grirë, kripën dhe piperin e zi.

b) Vendosni filetot e salmonit në një enë të cekët dhe derdhni mbi to marinadën. Kthejeni për të veshur në mënyrë të barabartë. Marinojini në frigorifer për të paktën 30 minuta, ose deri në 2 orë.

c) Ngrohni grilin në nxehtësi mesatare. Hiqni salmonin nga marinada dhe hidhni marinadën e tepërt.

d) Vendosni filetot e salmonit në skarë, me anën e lëkurës poshtë. Piqeni në skarë për rreth 4-5 minuta nga çdo anë, ose derisa salmoni të jetë gatuar dhe të skuqet lehtësisht me një pirun.

e) Shërbejeni të nxehtë me qepë të njoma të prera për zbukurim.

5. Limon Barbecue Salmon

PËRBËRËSIT:

- 4 fileto salmon
- Lëkura dhe lëngu i 1 limoni
- 2 luge vaj ulliri
- 2 thelpinj hudhre, te grira
- 1 lugë majdanoz i freskët i grirë
- 1 lugë gjelle kopër të freskët të copëtuar
- 1 lugë gjelle trumzë e freskët e copëtuar
- Kripë dhe piper të zi për shije
- Feta limoni për zbukurim

UDHËZIME:

a) Në një tas të vogël përzieni lëkurën e limonit, lëngun e limonit, vajin e ullirit, hudhrën e grirë, majdanozin e grirë, koprën e grirë, trumzën e grirë, kripën dhe piperin e zi.

b) Vendosni filetot e salmonit në një enë të cekët dhe derdhni mbi to marinadën. Kthejeni për të veshur në mënyrë të barabartë. Marinojini në frigorifer për të paktën 30 minuta, ose deri në 2 orë.

c) Ngrohni grilin në nxehtësi mesatare. Hiqni salmonin nga marinada dhe hidhni marinadën e tepërt.

d) Vendosni filetot e salmonit në skarë, me anën e lëkurës poshtë. Piqeni në skarë për rreth 4-5 minuta nga çdo anë, ose derisa salmoni të jetë gatuar dhe të skuqet lehtësisht me një pirun.

e) Shërbejeni të nxehtë me feta limoni për zbukurim.

6. Salmon me skarë me xhenxhefil portokalli

PËRBËRËSIT:
- 4 fileto salmon
- 1/2 filxhan lëng portokalli
- 2 lugë salcë soje
- 2 lugë mjaltë
- 1 lugë gjelle xhenxhefil të freskët të grirë
- 2 thelpinj hudhre, te grira
- 1 lugë çaji vaj susami
- Kripë dhe piper të zi për shije
- Farat e susamit dhe qepët e gjelbra të prera në feta për zbukurim

UDHËZIME:
a) Në një tas të vogël, përzieni lëngun e portokallit, salcën e sojës, mjaltin, xhenxhefilin e grirë, hudhrën e grirë, vajin e susamit, kripën dhe piperin e zi.

b) Vendosni filetot e salmonit në një enë të cekët dhe derdhni mbi to marinadën. Kthejeni për të veshur në mënyrë të barabartë. Marinojini në frigorifer për të paktën 30 minuta, ose deri në 2 orë.

c) Ngrohni grilin në nxehtësi mesatare. Hiqni salmonin nga marinada dhe hidhni marinadën e tepërt.

d) Vendosni filetot e salmonit në skarë, me anën e lëkurës poshtë. Piqeni në skarë për rreth 4-5 minuta nga çdo anë, ose derisa salmoni të jetë gatuar dhe të skuqet lehtësisht me një pirun.

e) Shërbejeni të nxehtë me farat e susamit dhe qepët e gjelbra të prera në feta për zbukurim.

7. Salmon i tymosur i ëmbëlsuar me fërkim me xhenxhefil portokalli

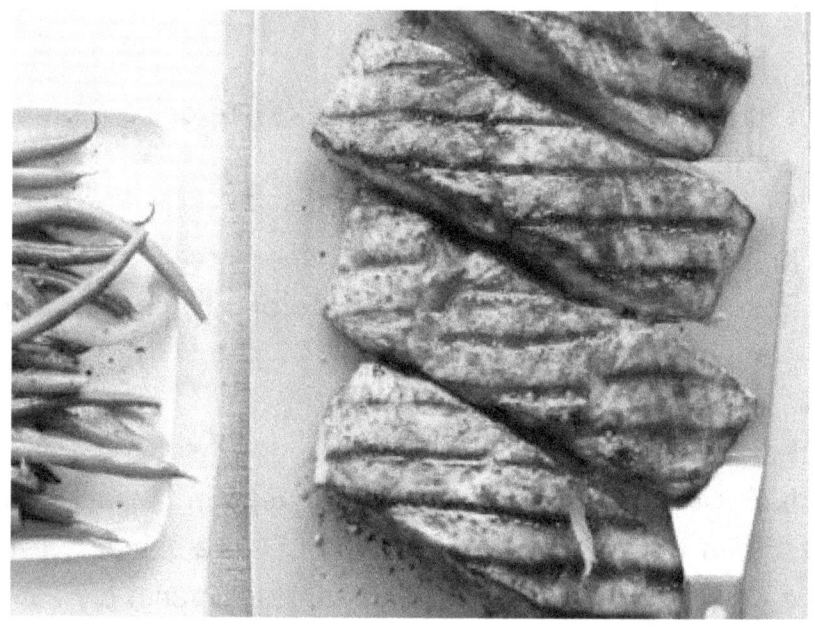

PËRBËRËSIT:
- Fileto salmon (4-lbs., 1,8-kg.)

Marinada
- Sheqer kaf - ¼ filxhan
- Kripë - ½ lugë çaji

Fërkimi
- Hudhra e grirë - 2 lugë
- Xhenxhefil i freskët i grirë - 1 lugë çaji
- Lëkura e portokallit të grirë - ½ lugë çaji
- Piper i kuq - ½ lugë çaji

Lustër
- Verë e kuqe - 2 lugë
- Rum i errët - 2 lugë
- Sheqer kaf - 1 ½ filxhan
- Mjaltë - 1 filxhan

UDHËZIME:
Përzieni kripën me sheqerin kaf dhe më pas aplikojeni mbi fileton e salmonit.

Fërkojeni fileton e salmonit me përzierjen e erëzave dhe më pas lëreni mënjanë.

Vendoseni salmonin e kalitur në një duhanpirëse pelleti dhe pini duhan për 2 orë.

Përzieni verën e kuqe me rumin e errët, sheqerin kaf dhe mjaltin dhe më pas përzieni derisa të treten. Baste

8. Salmoni veriperëndimor i Paqësorit me salcë kopër limoni

PËRBËRËSIT:
- 6 lb fileto salmoni Chinook
- Kripë për shije
- 1 C gjalpë, i shkrirë
- 1 C lëng limoni
- 4 lugë gjelle. barërat e këqija të koprës së tharë
- 1 lugë gjelle. kripë hudhër
- Piper i zi për shije
- 4 C jogurt i thjeshtë

UDHËZIME:
Vendosni filetot e salmonit në një enë pjekjeje.

Përzieni gjalpin dhe 1/2 lëngun e limonit në një tas të vogël dhe derdhni sipër salmonit. I rregullojmë me kripë dhe piper.

Kombinoni kosin, koprën, hudhrën pluhur, kripën e detit dhe piperin. Përhapeni salcën në mënyrë të barabartë mbi salmon.

Fshini shpejt grilën e nxehtë të grilës me pelet me një peshqir të zhytur në pak vaj kanole, vendosni filetat në skarë, tendën me fletë metalike dhe mbyllni kapakun.

Piqni peshkun në skarë, me lëkurë të ulët, deri në mes të rrallë, rreth 6 minuta.

9.Fileto salmon i freskët i tymosur s

PËRBËRËSIT:
- 1 fileto salmon (të freskëta, të egra, me lëkurë)
- 1/3 lugë çaji me erëza të gjirit të vjetër
- 1 lugë çaji erëza bazë të frutave të detit

UDHËZIME:
a) Lani filetot e salmonit të peshkut me ujë të ftohtë dhe përdorni një peshqir letre për t'i tharë
b) Fërkoni lehtë erëzat mbi filetot e salmonit
c) Nxitja në duhanpirësin e preferuar të peletit të drurit
d) Vendoseni grilën e preferuar të duhanpirësit të peletit të drurit në gatim indirekt dhe ngroheni paraprakisht në 400°F
e) Vendosni lëkurën e filetove poshtë direkt në grila
f) Tymosni filetot e salmonit në duhanpirës derisa temperatura e brendshme e tymit të rritet në 140°F dhe një pirun mund ta shkëpusë mishin lehtësisht
g) Lëreni salmonin të pushojë për 5 minuta
h) Shërbejeni dhe shijoni

10. Salmon BBQ në Alaskë

PËRBËRËSIT:
- 1 salmon i plotë i veshur
- Kripë dhe piper
- 2 lugë gjalpë të zbutur
- $\frac{1}{2}$ qepë e mesme e segmentuar
- $\frac{1}{2}$ limon i segmentuar
- Disa degë majdanozi
- Vaj misri

UDHËZIME:
a) Filloni duke larë të gjithë salmonin e veshur dhe duke e tharë atë. Spërkateni salmonin me pak kripë dhe piper dhe më pas lyejeni me gjalpë të zbutur.
b) Në zgavrën e peshkut, rregulloni segmente të mbivendosura të qepës, limonit dhe majdanozit. Kjo do të mbushë salmonin me shije të mrekullueshme.
c) Lyejeni peshkun me vaj misri, i cili do ta ndihmojë atë të gatuhet bukur në skarë.
d) Mbështilleni salmonin me letër alumini të rëndë, duke u siguruar që të mbyllni skajet me mbivendosje të dyfishta për të mbajtur të gjitha shijet brenda.
e) Vendoseni salmonin e mbështjellë me petë në një skarë mbi qymyr mesatar të nxehtë. Gatuani salmonin ngadalë, duke e rrotulluar çdo 10 minuta për gatim të barabartë.
f) Pas 45 minutash, provoni gatishmërinë duke futur një termometër mishi në pjesën më të trashë të salmonit. Temperatura e brendshme duhet të arrijë 160°F për salmon të gatuar në mënyrë perfekte.

g) Për ta shërbyer, transferojeni peshkun në një pjatë të nxehtë, duke mbivendosur fletën e pasme. Pritini midis kockave dhe mishit me një shpatull të gjerë dhe hiqni secilën pjesë.

h) Ky salmon BBQ i Alaskës shijohet më së miri me një anë të salcës Zesty.

11. Fileto salmon i tymosur

PËRBËRËSIT:

- Fileto salmon i freskët
- Përzierje me shëllirë (kripë, sheqer, ujë dhe barishte opsionale)
- Patate të skuqura druri për pirjen e duhanit (p.sh., alder, hickory ose mollë)

UDHËZIME:

a) Filloni duke përgatitur përzierjen e shëllirë. Kombinoni ujin, kripën, sheqerin dhe çdo barishte apo erëza që preferoni. Fusni fileton e salmonit në shëllirë dhe vendoseni në frigorifer për të paktën 2 orë ose gjatë natës.

b) Shpëlajeni salmonin për të hequr shëllirën e tepërt dhe thajeni.

c) Përgatitni duhanpirësin tuaj duke e ngrohur paraprakisht në 225-250°F (107-121°C) dhe duke shtuar copëzat e drurit që ju zgjidhni. Patate të skuqura druri japin një aromë tymi, kështu që zgjidhni atë që plotëson salmonin, si alder ose mollë.

d) Vendoseni salmonin në raftet e duhanpirësit, duke lënë hapësirë midis filetove që tymi të qarkullojë.

e) E tymosni salmonin për 2-4 orë, në varësi të trashësisë së filetove, derisa të arrijë një temperaturë të brendshme prej 145°F (63°C). Salmoni duhet të ketë një ngjyrë të bukur tymuese dhe të shkrihet lehtësisht.

f) Shërbejeni me sallatë me kastravec të prerë dhe domate me një vinegrette limoni.

12. Salmon BBQ në Alaskë

PËRBËRËSIT:
- 1 salmon i plotë i veshur
- Kripë dhe piper
- 2 lugë gjalpë të zbutur
- ½ qepë e segmentuar
- ½ limon i segmentuar
- Disa degë majdanozi
- Vaj misri

UDHËZIME:
a) Lani peshkun dhe thajeni. spërkatni me kripë dhe piper dhe spërkatni me gjalpë.
b) Vendosni segmente të mbivendosura të qepës, limonit dhe majdanozit në zgavrën e peshkut; lyejeni peshkun me vaj. Mbështilleni me letër alumini të rëndë, duke mbyllur skajet me mbivendosje të dyfishtë. Vendoseni në skarë mbi qymyr të nxehtë; gatuaj, duke e rrotulluar ngadalë salmonin çdo 10 minuta.
c) Provoni gatishmërinë pas 45 minutash duke futur një termometër mishi në pjesën më të trashë. Gatuani në një temperaturë të brendshme prej 160.
d) Për ta shërbyer, zhvendoseni peshkun në një pjatë të nxehtë; mbivendosje petë mbrapa. Pritini midis kockave dhe mishit me një shpatull të gjerë; Hiqni çdo pjesë. Shërbejeni me salcë Zesty.

13.Biftek salmon i pjekur në skarë me açuge

PËRBËRËSIT:
- 4 biftekë salmon
- Degët e majdanozit
- Pika limoni

Gjalpë açuge
- 6 fileto açuge
- 2 lugë qumësht
- 6 lugë gjelle gjalpë
- 1 pikë salcë Tabasco
- Piper

UDHËZIME:
a) Ngrohni paraprakisht skarën në nxehtësi të lartë. Lyeni me vaj raftin e skarës dhe vendosni çdo biftek për të siguruar një nxehtësi të barabartë. Vendosni një pullë të vogël gjalpë açuge (ndani një të katërtën e përzierjes në katër) në çdo biftek. Piqeni në skarë për 4 minuta.

b) Ktheni biftekët me një segment peshku dhe vendosni një çerek tjetër të gjalpit midis biftekëve. Piqeni në skarë nga ana e dytë për 4 minuta.

c) Ulni zjarrin dhe lëreni gatimin për 3 minuta të tjera, më pak nëse biftekët janë të hollë.

d) Shërbejeni me një copë gjalpë açugeje të rregulluar mirë mbi çdo biftek.

e) Dekoroni me degë majdanozi dhe copa limoni.

f) Gjalpë açuge: Thithni të gjitha filetot e açuges në qumësht. Pureeni në një enë me një lugë druri derisa të bëhet krem. Krem të gjithë përbërësit së bashku dhe qetësohuni.

14. Skajet e djegura të salmonit të tymosur

PËRBËRËSIT:
SALMON DHE KURA:
- 1 anë salmoni, i hequr nga lëkura dhe i prerë në kubikë
- 1,5 gota (300 gram) Sheqer kaf
- ¼ filxhan (55 gram) kripë kosher
- 2 lugë gjelle (30 ml) mjaltë pikante

GLAZE Mjalti SRIRACHA:
- 2,5 lugë gjelle (37 ml) Gjalpë i shkrirë
- 1 lugë gjelle (15 ml) salcë Sriracha
- 1 lugë gjelle (15 ml) mjaltë

Garniturë:
- Farat e susamit
- Qepë, të copëtuara

UDHËZIME:
a) Fillimisht grijeni salmonin tuaj me kubike dhe lëkurë. Shtoni në një tas ose në një qese të sigurt për ushqim. Në një tas të veçantë, përzieni sheqerin tuaj kafe dhe kripën kosher. Shtoni përzierjen në salmon tuaj së bashku me mjaltin pikant. Përziejini dhe vendoseni salmonin në frigorifer. Lëreni të piqet për të paktën 2 orë ose të paktën 30 minuta.

b) Kur të ketë mbaruar pjekja, nxirreni salmonin dhe lajeni butësisht me ujë të ftohtë për të çliruar kurën e tepërt. Vendosini kubet e salmonit në një tepsi dhe lërini të qëndrojnë në frigorifer pa mbuluar për 1-2 orë derisa pjesa e jashtme të ketë një strukturë ngjitëse.

c) Ngrohni duhanpirësin tuaj në 185°F-200°F. Shtoni disa copëza druri ose copa druri për aromë të shtuar të tymit.
d) Nxirreni salmonin tuaj nga frigoriferi dhe lëreni të qëndrojë në temperaturën e dhomës për 15 minuta. Vendoseni salmonin në duhanpirës dhe ziejini për rreth 3-4 orë derisa të jenë skuqur dhe karamelizuar në të gjithë. Sigurohuni që ta mbani temperaturën brenda 185-200°F pasi proteina e bardhë brenda salmonit do të rrjedhë nëse është më e nxehtë.
e) Rreth 1 orë para se salmoni të jetë gati, përzieni glazurën e mjaltit Sriracha. Lyejeni salmonin me lustër dhe lëreni të qëndrojë në duhanpirës derisa të jetë gati. Pasi të keni përfunduar, nxirreni salmonin dhe lëreni të ftohet për 5 minuta.
f) Ndërsa salmoni ftohet, zbukurojeni me qepë dhe fara susami. Shërbejeni dhe shijoni skajet tuaja të shijshme të djegura të salmonit të tymosur!

15. Salmon i tymosur me rum

PËRBËRËSIT:
SALMON I TYMOSUR:
- 2 paund (908 gram) fileto salmoni
- 2 gota (473 ml) rum të errët
- Bukë me shtatë kokrra
- ¼ filxhan (60 gram) kaperi
- ¼ filxhan qepë të kuqe të prera hollë
- Një grusht copa druri molle ose qershie
- Kopër e freskët

SHËRIMI:
- 1 ½ filxhan (300 gram) sheqer kaf
- ¾ filxhan (144 gram) kripë

UDHËZIME:
a) Vendoseni lëkurën e salmonit lart në një tavë qelqi me 2 gota rum të errët. E lemë të marinohet në frigorifer për 1 orë.

b) Kombinoni përbërësit e kurës në një tas duke e përzier me gishta për të thyer çdo gunga.

c) Kulloni salmonin dhe hidhni rumin. Përhapeni kurën mbi salmonin që të mbulohet plotësisht dhe ruajeni në frigorifer për 8 orë.

d) Ngrohni duhanpirësin tuaj në 65°C.

e) Shpëlajeni salmonin në ujë të ftohtë dhe më pas thajeni me peshqir letre.

f) Vendoseni salmonin në duhanpirësin tuaj dhe hidhni disa copa druri molle ose qershie në thëngjij të nxehtë. Pini duhan për 8 orë në 65°C.

g) Hiqeni salmonin nga duhanpirësi dhe shërbejeni me bukë me shtatë kokrra të pjekura në skarë, salcë kosi, qepë të kuqe të prera në feta, kaperi dhe kopër të freskët.

TUNA

16. Biftekë tuna me soje të pjekur në skarë

PËRBËRËSIT:
- 4 biftekë ton (rreth 6 ons secili)
- 1/4 filxhan salcë soje
- 2 lugë vaj susami
- 2 lugë gjelle uthull orizi
- 2 thelpinj hudhre, te grira
- 1 lugë gjelle xhenxhefil të freskët të grirë
- 1 lugë mjaltë
- 1 lugë çaji fara susami
- Kripë dhe piper të zi për shije
- Qepë të gjelbra të prera në feta për zbukurim

UDHËZIME:
a) Në një tas, përzieni salcën e sojës, vajin e susamit, uthullën e orizit, hudhrën e grirë, xhenxhefilin e grirë, mjaltin, farat e susamit, kripën dhe piperin e zi për të bërë marinadën.

b) Vendosni biftekët e tonit në një enë të cekët dhe derdhni mbi to marinadën. Kthejeni për të veshur në mënyrë të barabartë. Marinojini në frigorifer për të paktën 30 minuta, ose deri në 2 orë.

c) Ngrohni grilën në nxehtësi mesatare-të lartë. Hiqni biftekët e tonit nga marinada dhe hidhni marinadën e tepërt.

d) Piqini në skarë biftekët e tonit për rreth 2-3 minuta nga çdo anë për të rralla mesatare, ose më gjatë nëse dëshironi.

e) Shërbejeni të nxehtë me qepë të njoma të prera për zbukurim.

17. Ton pikant Cajun i pjekur në skarë

PËRBËRËSIT:
- 4 biftekë ton (rreth 6 ons secili)
- 2 luge vaj ulliri
- 2 lugë erëza Cajun
- 1 lugë gjelle lëng limoni
- 1 lugë çaji paprika
- 1/2 lugë çaji pluhur hudhër
- 1/2 lugë çaji pluhur qepë
- Kripë dhe piper të zi për shije
- Copa limoni për servirje

UDHËZIME:
a) Në një tas, kombinoni vaj ulliri, erëza Cajun, lëng limoni, paprika, hudhër pluhur, pluhur qepë, kripë dhe piper të zi për të fërkuar erëzën.
b) Fërkojeni përzierjen e erëzave në mënyrë të barabartë në të dy anët e biftekëve të tonit.
c) Ngrohni grilën në nxehtësi mesatare-të lartë. Vendosni biftekët me ton në skarë.
d) Piqini në skarë biftekët e tonit për rreth 2-3 minuta nga çdo anë për të rralla mesatare, ose më gjatë nëse dëshironi.
e) Shërbejeni të nxehtë me copa limoni anash.

18. Skewers me ton me gëlqere me mjaltë

PËRBËRËSIT:
- 1 lb biftek ton, i prerë në kubikë
- 1/4 filxhan mjaltë
- 2 lugë salcë soje
- 2 lugë gjelle lëng limoni
- 1 luge vaj ulliri
- 2 thelpinj hudhre, te grira
- 1 lugë çaji lëvore gëlqereje e grirë
- Kripë dhe piper të zi për shije
- Pika gëlqereje për servirje
- cilantro e freskët e copëtuar për zbukurim

UDHËZIME:
a) Në një tas, përzieni mjaltin, salcën e sojës, lëngun e limonit, vajin e ullirit, hudhrën e grirë, lëkurën e limonit, kripën dhe piperin e zi për të bërë marinadën.

b) I kaloni kubet e tonit në hell.

c) Hellat e tonit i vendosim në një enë të cekët dhe i hedhim marinadën. Kthejeni për të veshur në mënyrë të barabartë. Marinojini në frigorifer për të paktën 30 minuta, ose deri në 2 orë.

d) Ngrohni grilën në nxehtësi mesatare-të lartë. Hiqni hellet e tonit nga marinada dhe hidhni marinadën e tepërt.

e) Grijini hellet e tonit në skarë për rreth 2-3 minuta nga çdo anë, ose derisa toni të jetë gatuar.

f) Shërbejeni të nxehtë me copa lime anash dhe zbukurojeni me cilantro të freskët të copëtuar.

19. Bark Tuna i Tymosur Juicy Lime

PËRBËRËSIT:
- Barku i tonit (3-lb., 1,4-kg.)
- Marinada
- Lime të freskëta - 2
- Sheqer i bardhë - 2 lugë
- Sheqer kaf - 3 lugë
- Piper - ½ lugë çaji
- Salcë soje - 1 lugë gjelle
- Salcë Sriracha - 2 lugë

UDHËZIME:
a) Marinoni barkun e tonit me lëngun për 10 minuta.
b) Ndërkohë, kombinoni sheqerin e bardhë me sheqerin kaf, piperin, salcën e sojës dhe salcën Sriracha dhe më pas përzieni mirë.
c) Lani dhe shpëlajeni barkun e tonit dhe më pas thajeni.
d) Prisni derisa duhanpirësi i peletit të arrijë temperaturën e dëshiruar të tymit dhe më pas vendoseni barkun e tonit të kalitur në të.
e) E tymosni barkun e tonit për 2 orë ose derisa të skuqet dhe pasi të jetë bërë hiqeni nga duhanpirësi.

20. Tuna e pjekur Wasabi

PËRBËRËSIT:
- Biftekë ton prej 6 ons
- 1 1/4 filxhan verë të bardhë
- 1 filxhan gjethe cilantro
- 1 filxhan gjalpë pa kripë
- 1/4 filxhan qepe, të grirë
- 2 lugë gjelle. uthull verë e bardhë
- 1 lugë gjelle pastë wasabi
- 1 lugë gjelle salcë soje
- 1 luge vaj ulliri
- kripë dhe piper për shije

UDHËZIME:
Kombinoni verën, uthullën e verës dhe qepujt në një tenxhere mbi nxehtësinë mesatare. Ziejini për të reduktuar në rreth 2 lugë gjelle. Kullojini qepujt dhe hidhini.

Shtoni wasabi dhe salcë soje në përzierje dhe zvogëloni Peletin e Preferuar të Drurit. Ngadalë shtoni gjalpin duke e përzier derisa të përzihet plotësisht. Përzieni cilantro dhe hiqeni nga zjarri. Le menjane.

Lyejini biftekët e tonit me vaj ulliri. I rregullojmë me kripë dhe piper dhe i vendosim në skarë.

Ziejini në skarë për 90 sekonda, më pas kthejeni dhe vazhdoni pjekjen për 90 sekonda të tjera.

21. Tuna i tymosur i kripur

PËRBËRËSIT:
- 3 kilogramë fileto salmoni (të kultivuara)
- 2 gota shëllirë peshku të freskët

UDHËZIME:
Pritini filetot në madhësi 4 inç në mënyrë që të mund të gatuani në një shkallë të barabartë

Vendosni bërxollat e derrit në një enë plastike që mbyllet dhe derdhni në enë shëllirë peshku të freskët

Mbulojeni dhe vendoseni në frigorifer gjatë natës

Pas kësaj kohe, hiqni bërxollat e derrit dhe thajini me peshqir letre

Vendoseni skarën e duhanpirësit në gatim indirekt

Transferoni filetot e salmonit në një tas me fije qelqi të veshur me Teflon

Ngrohni duhanpirësin në 180°F dhe gatuajeni derisa temperatura e brendshme e tymit të filetove të salmonit të rritet në 145°F

22. Tuna me salcë të tymosur a

PËRBËRËSIT:
- 10 ounces biftekë tuna (të freskëta)
- 1 filxhan salcë Teriyaki

UDHËZIME:
Pritini tonin në madhësi 4 inç në mënyrë që të mund të gatuani në një shkallë të barabartë
Vendosni biftekët e tonit në një enë plastike që mbyllet dhe derdhni në enë salcën Teriyaki
E mbulojmë dhe e vendosim në frigorifer për 3 orë
Pas kësaj kohe, hiqni biftekët e tonit dhe thajini me peshqir letre
Transferoni fileton në një tabaka grill që nuk ngjit dhe vendoseni në duhanpirës për 1 orë
Pas kësaj kohe rrisni peletin e preferuar të drurit në 250°F dhe gatuajeni derisa temperatura e brendshme e tymit të tonit të rritet në 145°F
I hiqni nga grila dhe i lini të pushojnë për 10 minuta
Shërbejeni dhe shijoni

23. Barku i peshkut të tymosur

Shijoni shijet e shkëlqyera të barkut të tonit të tymosur. Kjo delikatesë është një kënaqësi për adhuruesit e ushqimeve të detit, duke ofruar një përvojë të tymosur, të butë dhe me shije të pasur që përgatitet lehtë. Pavarësisht nëse jeni duke pjekur në skarë për një rast të veçantë ose për një darkë të thjeshtë të javës, kjo pjatë do t'i lërë përshtypje shijeve tuaja.

Koha e përgatitjes: 15 minuta
Koha e gatimit: 2 orë
Bën: 4 racione

PËRBËRËSIT:
- 1 paund (½ kg) bark ton
- 2 lugë gjelle (29,57 ml) salcë soje
- 1 lugë gjelle (14,79 ml) vaj ulliri
- 1 lugë çaji xhenxhefil të grirë
- 1 lugë çaji hudhër të grirë
- ½ lugë çaji piper i zi
- ½ lugë çaji (2,82 gram) paprika
- ½ lugë çaji (2,25 gram) sheqer kaf
- ¼ lugë çaji (0,56 gram) piper kajen (rregullohet sipas shijes)

UDHËZIME:
a) Në një tas bashkoni salcën e sojës, vajin e ullirit, xhenxhefilin e grirë, hudhrën e grirë, piperin e zi, paprikën, sheqerin kaf dhe piperin e kuq. Përziejini mirë për të krijuar një marinadë.

b) Vendoseni barkun e tonit në një qese plastike të rimbyllshme ose në një enë të cekët dhe derdhni marinadën mbi të. Mbyllni qesen ose mbulojeni enën dhe vendoseni në frigorifer për të paktën 30 minuta, duke lejuar që shijet të mbushen.

c) Ngrohni duhanpirësin tuaj në 225 gradë Fahrenheit (110 gradë Celsius).

d) Hiqeni barkun e tonit nga marinada dhe thajeni me peshqir letre. Kjo do të ndihmojë që tymi të ngjitet më mirë.

e) Vendoseni barkun e tonit në raftin e duhanpirësit dhe pini duhan për rreth 2 orë, ose derisa të arrijë nivelin e dëshiruar të gatishmërisë.
f) Pasi të pihet, lëreni barkun e tonit të pushojë për disa minuta para se ta prisni në copa të holla.
g) Shërbejeni barkun tuaj të peshkut të tymosur si meze ose si pjatë kryesore me anët tuaja të preferuara.

24. Tun i pjekur në skarë Bayou

PËRBËRËSIT:
- ¾ filxhan Ushqim deti në stilin e artë Cajun
- 1½ paund biftekë ton

UDHËZIME:
a) Hidhni Cajun Style Seafood shëllirë në mënyrë të barabartë mbi peshk, lëreni të pushojë 20 deri në 30 minuta, duke e rrotulluar disa herë.
b) Gatuani në një skarë të hapur mbi qymyr mesatarisht të nxehtë. Bëj dhe kthehu një herë. Peshku bëhet kur mishi është i errët.
c) Shërbejeni me sallatë të përzier, bishtaja dhe bukë franceze

GAFORRJA

25. Këmbët e Gaforres në Barbekju me Gjalpë Hudhre

PËRBËRËSIT:
- 2 paund këmbë gaforre
- 1/2 filxhan gjalpë pa kripë, i shkrirë
- 4 thelpinj hudhre, te grira
- 1 lugë majdanoz i freskët i grirë
- 1 lugë çaji lëvore limoni
- Kripë dhe piper të zi për shije
- Copa limoni për servirje

UDHËZIME:
a) Ngrohni grilën në nxehtësi mesatare-të lartë.
b) Në një tas të vogël, përzieni së bashku gjalpin e shkrirë, hudhrën e grirë, majdanozin e grirë, lëkurën e limonit, kripën dhe piperin e zi për të bërë salcën e gjalpit të hudhrës.
c) Vendosini këmbët e gaforreve në skarë dhe lyejini me furçë bujare me salcën e gjalpit të hudhrës.
d) Piqini në skarë këmbët e gaforres për rreth 4-5 minuta në çdo anë, ose derisa të nxehen dhe të karbonizohen pak.
e) Shërbejeni të nxehtë me copa limoni anash.

26. Ëmbëlsira me Gaforre të pjekur në skarë me salcë Remoulade

PËRBËRËSIT:
PËR Ëmbëlsira me Gaforre:
- 1 paund mish gaforre me gunga
- 1/4 filxhan majonezë
- 1/4 filxhani thërrime buke
- 1 vezë
- 2 lugë majdanoz të freskët të grirë
- 1 lugë gjelle mustardë Dijon
- 1 lugë gjelle salcë Worcestershire
- 1 lugë çaji erëza Old Bay
- Kripë dhe piper të zi për shije
- Vaj ulliri për pjekje në skarë

PËR salcën e rimodeluar:
- 1/2 filxhan majonezë
- 2 lugë turshi të grira
- 1 lugë gjelle kaperi
- 1 lugë gjelle mustardë Dijon
- 1 lugë majdanoz i freskët i grirë
- 1 lugë çaji salcë e nxehtë
- 1 lugë çaji lëng limoni
- Kripë dhe piper të zi për shije

UDHËZIME:
a) Në një tas të madh përzierjeje, kombinoni mishin e gaforres, majonezën, thërrimet e bukës, vezën, majdanozin e grirë, mustardën Dijon, salcën Worcestershire, erëzat e Old Bay, kripën dhe piperin e zi. Përziejini derisa të bashkohen mirë.
b) Formoni përzierjen e gaforreve në peta.

c) Ngrohni grilin në nxehtësi mesatare. Lyejini ëmbëlsirat me gaforre me vaj ulliri.
d) Grijini ëmbëlsirat me gaforre për rreth 4-5 minuta në çdo anë, ose derisa të marrin ngjyrë kafe të artë dhe të nxehen.
e) Ndërkohë përgatisni salcën remoulade duke përzier së bashku majonezën, turshitë e grira, kaperin, mustardën Dijon, majdanozin e grirë, salcën djegëse, lëngun e limonit, kripën dhe piperin e zi në një tas të vogël.
f) Ëmbëlsira me gaforre i servirni të nxehtë me salcë remoulade anash.

27. Gaforrja e tymosur

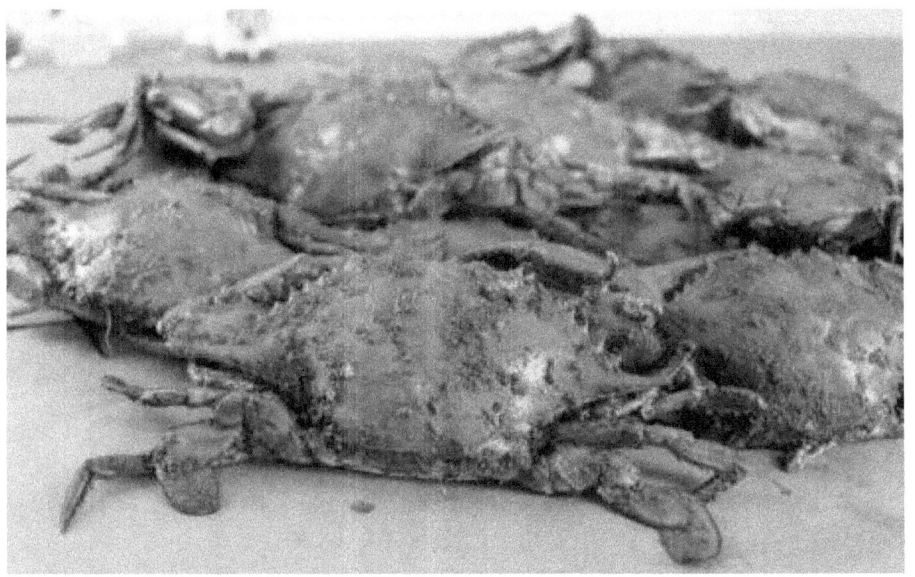

PËRBËRËSIT:
- Gaforre të freskëta (7-lb., 3,2-kg.)

Salca
- Kripë - 1 lugë gjelle
- Piper i kuq - 1 ½ lugë çaji
- Gjalpë i kripur - 2 gota
- Lëng limoni - ½ filxhan
- Salcë Worcestershire - 1 lugë gjelle
- Pluhur hudhër - 2 lugë çaji
- Paprika e tymosur - 2 lugë çaji

UDHËZIME:
a) Ngroheni një tenxhere në zjarr të ulët dhe më pas shkrini gjalpin. Lëreni të ftohet.
b) Sezoni gjalpin e shkrirë me kripë, piper të kuq, salcën Worcestershire, hudhër pluhur dhe paprika të tymosur dhe më pas derdhni lëng limoni në gjalpin e shkrirë. Përziejini derisa të përfshihen dhe lërini mënjanë.
c) Rregulloni gaforret në një tavë alumini të disponueshme dhe më pas hidhni salcën mbi gaforret.
d) Piqeni gaforret për 30 minuta dhe më pas hiqini nga duhanpirësi.

28. Xhenxhefil me kanellë Gaforrja e tymosur

PËRBËRËSIT:
- Gaforre të freskëta (7-lb., 3,2-kg.)

Erëzat
- Kripë - 1 lugë gjelle
- Farat e bluara të selinos - 3 lugë gjelle
- Mustardë e bluar - 2 lugë çaji
- Piper i kuq - ½ lugë çaji
- Piper i zi - ½ lugë çaji
- Paprika e tymosur - 1 ½ lugë çaji
- Karafil i grirë - Një majë
- Pipëza e grirë - ¾ lugë çaji
- Xhenxhefil i bluar - 1 lugë çaji
- Kardamom i bluar - ½ lugë çaji
- Kanellë e bluar - ½ lugë çaji
- Gjethet e dafinës - 2

UDHËZIME:
Kombinoni të gjitha erëzat dhe spërkatni përzierjen e erëzave mbi gaforret dhe më pas mbështillni gaforret me letër alumini.

Vendosni gaforret e mbështjella në duhanpirësin e peletit dhe pini duhan për 30 minuta.

Pasi të jetë bërë, hiqni karbohidratet e tymosura të mbështjella nga duhanpirësi i pelletit dhe lëreni të pushojë për rreth 10 minuta.

Zhbllokoni gaforret e tymosura dhe transferojini në një enë për servirje.

29. Këmbët e tymosura të gaforres së mbretit

PËRBËRËSIT:
- 5 paund (2.3 kg) Këmbët e gaforres së mbretit

GJALPI BASTING:
- 1 filxhan (240 gram) gjalpë
- ¼ filxhan (60 ml) lëng limoni
- 2 lugë erëza piper limoni
- 2 lugë hudhër pluhur ose hudhër të grirë

Përzierja e Erëzave:
- ¼ filxhan (55 gram) kripë kosher
- ½ lugë piper kokërr
- 2 lugë çaji paprika të tymosur
- 1 lugë çaji thekon piper të kuq

UDHËZIME:
a) Ngroheni duhanpirësin në 225°F (107°C). Vendosni copat e drurit në kutinë e duhanpirësit ose mbi qymyr.

b) përbërësit e gjalpës në një tas për përzierje. Transferoni në mikrovalë dhe gatuajeni në nxehtësi të plotë për 30 sekonda, ose derisa të shkrihet. Hiqeni nga mikrovala.

c) Përziejeni përzierjen e erëzave në gjalpin që derdhet derisa të kombinohet plotësisht.

d) Transferoni këmbët e gaforres tek duhanpirësi. Gatuani për 30 minuta. Lyejeni me përzierjen e gjalpit çdo 10 minuta.

e) Pas 30 minutash, gatuajini ose piqeni në skarë të lartë për 2 minuta nga secila anë.

f) Hiqini nga duhanpirësi dhe shërbejini menjëherë këmbët tuaja të shijshme të gaforreve të tymosura. Shijoni shijet e shijshme!

30. Gaforre të pjekura në skarë

Rendimenti: 1 porcion

PËRBËRËSIT:

- Gaforre me guaskë të butë; shkrirë në ngrirë
- Salcë për pastrim

UDHËZIME:

a) Gaforret duhet të jenë të bollshme dhe shpesh të skuqura me salcë ndërsa piqen në skarë në zjarr të ulët rreth 12 inç nga qymyri. Piqni në skarë rreth 4 deri në 5 minuta për çdo anë.

b) Salcë Barbecue: Shtoni vaj në një salcë Barbecue të preferuar (1 pjesë salcë në 2 pjesë vaj)

c) Shëllirë e verës së bardhë: Përzieni $\frac{1}{2}$ filxhan vaj vegjetal, 1 lugë çaji borzilok të freskët të prerë në kubikë dhe 1 lugë çaji piper limoni. Ngadalë shtoni $\frac{3}{4}$ filxhan verë të bardhë të thatë dhe përzieni me një kamxhik për ta përzier. Lëreni të pushojë në temperaturën e dhomës për 30 minuta, ose deri në disa orë në frigorifer, në mënyrë që shijet të përzihen.

KAKAKALE DHE KAKADELE

31. Skewers karkaleca me marinadë barishte limoni

PËRBËRËSIT:
- 1 lb karkaleca të mëdha, të qëruara dhe të deveruara
- 2 luge vaj ulliri
- 2 thelpinj hudhre, te grira
- Lëkura dhe lëngu i 1 limoni
- 1 lugë majdanoz i freskët i grirë
- 1 lugë gjelle trumzë e freskët e copëtuar
- Kripë dhe piper të zi për shije
- Copa limoni për servirje

UDHËZIME:
a) Në një tas përzieni vajin e ullirit, hudhrën e grirë, lëkurën e limonit, lëngun e limonit, majdanozin e grirë, trumzën e grirë, kripën dhe piperin e zi.
b) Shtoni karkaleca në tas dhe hidhini të mbulohen në mënyrë të barabartë. Marinojini në frigorifer për 20-30 minuta.
c) Ngrohni grilën në nxehtësi mesatare-të lartë. Fijeni karkalecat e marinuara në hell.
d) Grijini helltarët e karkalecave për rreth 2-3 minuta në çdo anë, ose derisa karkalecat të jenë rozë dhe të errët.
e) Shërbejeni të nxehtë me copa limoni për t'i shtrydhur mbi karkaleca.

32. Tacos me karkaleca në Barbekju me Salsa Mango

PËRBËRËSIT:
PËR Karkaleca:
- 1 £ karkaleca të mëdha, të qëruara dhe të deveruara
- 2 luge vaj ulliri
- 2 thelpinj hudhre, te grira
- 1 lugë çaji djegës pluhur
- 1/2 lugë çaji qimnon i bluar
- Kripë dhe piper të zi për shije

PËR SALSA MANGO:
- 1 mango e pjekur, e prerë në kubikë
- 1/2 qepë të kuqe, të grirë hollë
- 1/2 spec i kuq zile, i prerë në kubikë
- 1/4 filxhan cilantro të freskët të copëtuar
- Lëng nga 1 lime
- Kripë dhe piper të zi për shije

PËR SHËRBIM:
- 8 tortilla të vogla misri, të ngrohura
- Djathë feta i grimcuar (opsionale)
- Pykat e gëlqeres

UDHËZIME:
a) Në një tas, përzieni vajin e ullirit, hudhrën e grirë, pluhurin djegës, qimnonin e bluar, kripën dhe piperin e zi. Shtoni karkalecat në tas dhe hidhini të mbulohen në mënyrë të barabartë.

b) Ngrohni grilën në nxehtësi mesatare-të lartë. Fijeni karkalecat e marinuara në hell.

c) Grijini helltarët e karkalecave për rreth 2-3 minuta në çdo anë, ose derisa karkalecat të jenë rozë dhe të errët.
d) Ndërkohë, përgatisni salsën e mangos duke kombinuar mangon e prerë në kubikë, qepën e kuqe të grirë, piperin e kuq të prerë në kubikë, cilantro të copëtuar, lëngun e limonit, kripën dhe piperin e zi në një tas. Përziejini mirë.
e) Mblidhni tacos duke mbushur çdo tortilla të ngrohtë me karkaleca të pjekur në skarë dhe salsa mango. Sipas dëshirës, sipër me djathë feta të grimcuar.
f) Shërbejeni të nxehtë me copa lime anash.

33. Karkaleca në Barbecue me Hudhër Mjaltë

PËRBËRËSIT:
- 1 lb karkaleca të mëdha, të qëruara dhe të deveruara
- 1/4 filxhan mjaltë
- 2 lugë salcë soje
- 2 thelpinj hudhre, te grira
- 1 luge vaj ulliri
- 1 lugë gjelle lëng limoni
- Kripë dhe piper të zi për shije
- Majdanoz i freskët i grirë për zbukurim (opsionale)

UDHËZIME:
a) Në një tas të vogël përzieni mjaltin, salcën e sojës, hudhrën e grirë, vajin e ullirit, lëngun e limonit, kripën dhe piperin e zi.
b) Shtoni karkaleca në tas dhe hidhini të mbulohen në mënyrë të barabartë. Marinojini në frigorifer për 20-30 minuta.
c) Ngrohni grilën në nxehtësi mesatare-të lartë. Fijeni karkalecat e marinuara në hell.
d) Grijini helltarët e karkalecave për rreth 2-3 minuta në çdo anë, ose derisa karkalecat të jenë rozë dhe të errët.
e) Shërbejeni të nxehtë, nëse dëshironi, spërkatur me majdanoz të freskët të grirë.

34. Karkaleca me erëza Cajun në Barbecue

PËRBËRËSIT:
- 1 £ karkaleca të mëdha, të qëruara dhe të deveruara
- 2 luge vaj ulliri
- 2 lugë çaji erëza Cajun
- 1 lugë çaji paprika e tymosur
- 1/2 lugë çaji pluhur hudhër
- 1/2 lugë çaji pluhur qepë
- Kripë dhe piper të zi për shije
- Copa limoni për servirje

UDHËZIME:
a) Në një tas përzieni, kombinoni vajin e ullirit, erëzat Cajun, paprikën e tymosur, pluhurin e hudhrës, pluhurin e qepës, kripën dhe piperin e zi.

b) Shtoni karkalecat në tas dhe hidhini të mbulohen në mënyrë të barabartë. Marinojini në frigorifer për 20-30 minuta.

c) Ngrohni grilën në nxehtësi mesatare-të lartë. Fijeni karkalecat e marinuara në hell.

d) Grijini helltarët e karkalecave për rreth 2-3 minuta në çdo anë, ose derisa karkalecat të jenë rozë dhe të errët.

e) Shërbejeni të nxehtë me copa limoni për t'i shtrydhur mbi karkalecat.

35. Karkaleca e Tymosur me Hudhra Kajene

PËRBËRËSIT:
- Karkaleca të freskëta (3-lb., 1,4-kg.)

Erëzat
- Vaj ulliri - 2 lugë
- Lëng limoni - 2 lugë
- Kripë - ¾ lugë çaji
- Paprika e tymosur - 2 lugë çaji
- Piper - ½ lugë çaji
- Pluhur hudhër - 2 lugë
- Pluhur qepë - 2 lugë
- Trumzë e thatë - 1 lugë çaji
- Piper i kuq - 2 lugë çaji

UDHËZIME:
Kombinoni kripën, specin e tymosur, piperin, hudhrën pluhur, pluhurin e qepës, trumzën e thatë dhe piperin e kuq dhe më pas përzieni mirë. Le menjane.

Hidhni vaj ulliri dhe lëng limoni mbi karkaleca dhe tundeni për t'u veshur. Lërini karkalecat të pushojnë për rreth 5 minuta.

Spërkateni përzierjen e erëzave mbi karkaleca dhe më pas përzieni derisa karkalecat të jenë plotësisht të shijshme.

Vendoseni tiganin e aluminit të disponueshëm me karkaleca në duhanpirësin e peletit dhe tymosni karkalecat për 15 minuta. Karkalecat do të jenë opake dhe rozë.

Hiqni karkalecat e tymosura nga duhanpirësi i peletit dhe transferojini në një pjatë servirjeje.

Shërbejeni dhe shijoni.

36. Meze me hell karkalecash Mojo

PËRBËRËSIT:

- 2 paund. proshutë me feta
- 64 karkaleca të papërpunuara, me bisht
- 2 C Mojo tradicionale kubane
- ¼ C Adobo Criollo
- 32 Skelat e preferuara me pelet druri, të njomur

UDHËZIME:

Shpëlajini karkalecat e papërpunuara dhe kullojini. Në një tas të madh, hidhni karkalecat dhe erëzat Adobo Criollo.

Mbështilleni çdo karkalec me ½ fetë proshutë dhe kaloni dy mbështjellje në secilën hell, duke prekur dhe me një hell si në proshutë ashtu edhe në karkaleca.

Sillni grilën e peletit në nxehtësi mesatare, vajin dhe vendosni skelat në skarë.

Piqni në skarë 3-5 minuta, derisa proshuta të jetë gatuar, rrokullisni dhe gatuajeni edhe 2-3 minuta të tjera.

Hiqeni nga grila dhe lëreni të pushojë në një pjatë të mbuluar me peshqir letre 2-3 minuta përpara se ta shërbeni. për këtë lloj pjekjeje.

37. Skewers ushqim deti me xham mollë

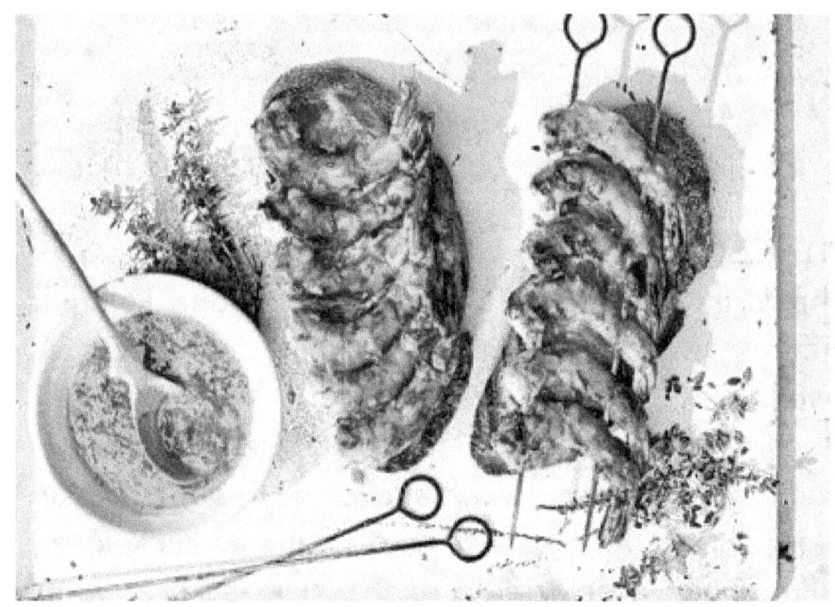

Rendimenti: 6 porcione

PËRBËRËSIT:
- 1 kanaçe koncentrat lëng molle
- 1 lugë gjelle gjalpë dhe mustardë Dijon
- 1 piper i madh i kuq i embel
- 6 segmente proshutë
- 12 fiston deti
- 1 kile karkaleca të lëvozhgave dhe të devijonuara (rreth 36)
- 2 lugë të prera në kubikë majdanoz i freskët

UDHËZIME:
a) Në një tenxhere të thellë dhe të rëndë, zieni koncentratin e lëngut të mollës mbi nxehtësinë e lartë për 7 10 minuta ose më shumë derisa të reduktohet në rreth ¾ filxhan. Hiqeni nga zjarri, hidhni gjalpin dhe mustardën derisa të jetë e qetë. Le menjane. Pritini specin përgjysmë Hiqni farat dhe kërcellin dhe priteni specin në 24 pjesë. Pritini pjesët e proshutës në gjysmë në mënyrë tërthore dhe mbështillni çdo fiston me një copë proshutë.

b) hell , fiston dhe karkaleca në mënyrë alternative në 6 hell. Vendosni hell mbi skarë të lyer me vaj. Piqeni në skarë në zjarr mesatarisht të lartë për 2-3 minuta, duke e lyer me lustër me lëng molle dhe duke e rrotulluar shpesh, derisa fiston të bëhet i errët, karkaleca të jetë rozë dhe piper të zbutet. Shërbejeni të spërkatur me majdanoz.

38. Karkaleca e tymosur

Karkalecat e tymosur kanë një aromë të ëmbël dhe të tymosur që është e përkryer për meze, sallata ose si pjatë anësore. Ja si t'i tymosni ato:

Koha e përgatitjes: 15 minuta
Koha e pirjes së duhanit: 30-45 minuta
Bën: Ndryshon

PËRBËRËSIT:
- Karkaleca të mëdha, të qëruara dhe të deveinuara
- Vaj ulliri
- Zgjedhja juaj e erëzave të ushqimeve të detit
- Patate të skuqura druri për pirjen e duhanit

UDHËZIME:
a) Hidhni karkalecat e qëruara dhe të devijonuara në një tas me pak vaj ulliri dhe erëzat tuaja të preferuara të detit. E lemë të marinohet për 10-15 minuta.

b) Ngrohni duhanpirësin tuaj në 225-250°F (107-121°C) dhe shtoni copëzat e drurit.

c) Vendosni karkalecat e kalitura në raftet e duhanpirësit, duke lënë hapësirë midis secilit karkalec.

d) Tymosni karkalecat për 30-45 minuta, ose derisa të marrin ngjyrë rozë dhe të kenë një aromë tymi. Kini kujdes që të mos i zieni shumë, pasi karkalecat mund të bëhen të ashpra nëse tymosen për një kohë të gjatë.

e) Shërbejeni me perime të pjekura në skarë ose një sallatë të thjeshtë jeshile.

39. Karkaleca me erëza Barbecue

Rendimenti: 4 racione

PËRBËRËSIT:
- 24 karkaleca të mëdhenj; të qëruara dhe të zbutura
- 1 filxhan paprika
- 1 lugë gjelle secila: piper i kuq; hudhra pluhur, piper i zi dhe kripë
- 2 lugë çaji rigon të tharë
- 1 lugë gjelle trumzë e thatë
- ½ lugë gjelle kopër të thatë
- 2 gota krem pana
- lugë çaji Skewers shafran
- ½ filxhan kokrra misri të freskët
- 2 lugë shurup panje
- 2 limonë; lëngun e
- Kripë për shije

UDHËZIME:

a) Barbecue Spice: Përzieni paprikën, kajenën, hudhrën pluhur, piper, kripë, rigon, trumzë dhe kopër; përzieni mirë. Ruani në një enë hermetike. Bën rreth 11/2 gota

b) Karkaleca: Zhytni 4 hell bambuje në ujë për 2 orë; vendosni 6 karkaleca në çdo hell dhe spërkatni pa masë me Barbecue Spice.

c) Vendosni karkalecat në skarë për Barbecue, duke u siguruar që bishtat të jenë larg nga pjesa më e nxehtë e zjarrit. Piqni në skarë rreth 3 deri në 4 minuta për çdo anë ose më shumë derisa të mbaroni. Mos e teproni. Shërbejeni me shafran dhe krem misri të ëmbël. Shërbejeni 1 hell për person.

d) Krem me shafran dhe misër të ëmbël: Ngroheni kremin në tenxhere me shafran dhe misër derisa shafrani të fillojë të lëshojë ngjyrë. Shtoni shurupin. Hidhni lëngun e limonit dhe kripën.

40. Karkalecat e Tymosura

Karkalecat e tymosura janë një opsion i mrekullueshëm për përgatitjen e karkalecave të shijshme që mund të shërbehen si meze, si pjatë anësore ose kryesore. E kalitur me një përzierje pikante, këto karkaleca deti lyhen me një përzierje të mprehtë me gjalpë limoni gjatë procesit të pirjes së duhanit. Në vetëm 30 minuta, ju mund të shijoni një aromë të shijshme me gjalpë me një nuancë tymosjeje.

Përgatitja: 15 minuta
Gatuaj: 30 minuta
Bën: 4

PËRBËRËSIT:

Karkaleca:
- 16 karkaleca deti, të qëruara dhe të deveruara
- Një grusht patate të skuqura druri molle, qershie dhe/ose alder

Përzierja e Erëzave:
- 2 lugë gjelle (30 ml) pluhur djegës
- 2 lugë gjelle (30 ml) kripë
- 1 lugë gjelle (15 ml) hudhër pluhur
- 2 lugë çaji piper të zi të bluar
- $\frac{1}{4}$ lugë çaji gjethe dafine e bluar

UDHËZIME:

a) Ngrohni duhanpirësin në 135°C.

b) Në një tas të vogël, kombinoni pluhurin djegës, kripën, pluhurin e hudhrës, piperin dhe gjethen e dafinës.

c) Spërkateni përzierjen e erëzave në mënyrë të barabartë në të dy anët e karkalecave.

d) Bashkoni gjalpin e shkrirë me lëngun e limonit, rigonin dhe majdanozin. Le menjane.

e) Hidhni një grusht copa druri në thëngjij të nxehtë për t'u pirë duhan.

f) Vendosni karkalecat në duhanpirësin tuaj. Gatuani për 25 deri në 30 minuta, duke e larë me përzierjen e limon-gjalpës çdo 5-10 minuta.

g) Hiqni karkalecat nga duhanpirësi dhe shërbejini menjëherë. Shijoni karkalecat tuaja të shijshme të tymosura!

goca deti

41.Perle të thjeshta të pjekura në skarë

PËRBËRËSIT:

- 4 duzina goca deti, të pastruara
- Pika limoni
- 1 C gjalpë
- 1 lugë kripë e stazhionuar
- 1 lugë piper limoni

UDHËZIME:

Ngrohni grilën e peletit në 350F.

Shkrihet gjalpi me kripë dhe piper limoni, duke i përzier mirë. Ziej 10 minuta.

Vendosni gocat e detit, pa lëvozhgë, në skarë me pelet.

Kur lëvozhgat hapen (3-5 minuta), përdorni një thikë gocë deti për të shkëputur gocën e sipërme dhe futeni përsëri në filxhan me pijen e nxehtë të gocës. Hidhni kapakun.

Shtoni një lugë çaji gjalpë të kalitur dhe shërbejeni.

42. Hudhra Asiago Oysters

PËRBËRËSIT:

- 1 paund. gjalpë krem i ëmbël
- 1 lugë gjelle. hudhra të grira
- 2 duzina goca deti të freskëta
- ½ C. djathë Asiago i grirë
- Bukë franceze, e ngrohur
- ¼ filxhan qiqra, të prera në kubikë

UDHËZIME:

Filloni të grillni me pelet dhe ngroheni në të lartë mesatare.

Shkrini gjalpin në nxehtësi mesatare-të lartë. Ulni nxehtësinë në të ulët dhe përzieni hudhrën.

Gatuani për 1 minutë dhe hiqeni nga zjarri.

Vendosni gocat e detit, filxhanin poshtë, në skarë me pelet. Sapo predhat të hapen, hiqini nga grila.

Mbyllni gocat e detit, duke mbajtur sa më shumë pije të detit në vend të jetë e mundur.

Pritini muskujt lidhës dhe kthejeni secilën gocë deti në guaskën e saj.

Spërkateni çdo gocë deti me 2 lugë çaji përzierje gjalpi dhe spërkateni me 1 lugë çaji djathë. Ziejini në zjarr të lartë për 3 minuta ose derisa djathi të marrë ngjyrë kafe. Spërkateni me qiqra.

Hiqeni nga grila me pelet dhe shërbejeni menjëherë me bukë dhe gjalpin e mbetur anash.

43. Usabi perle

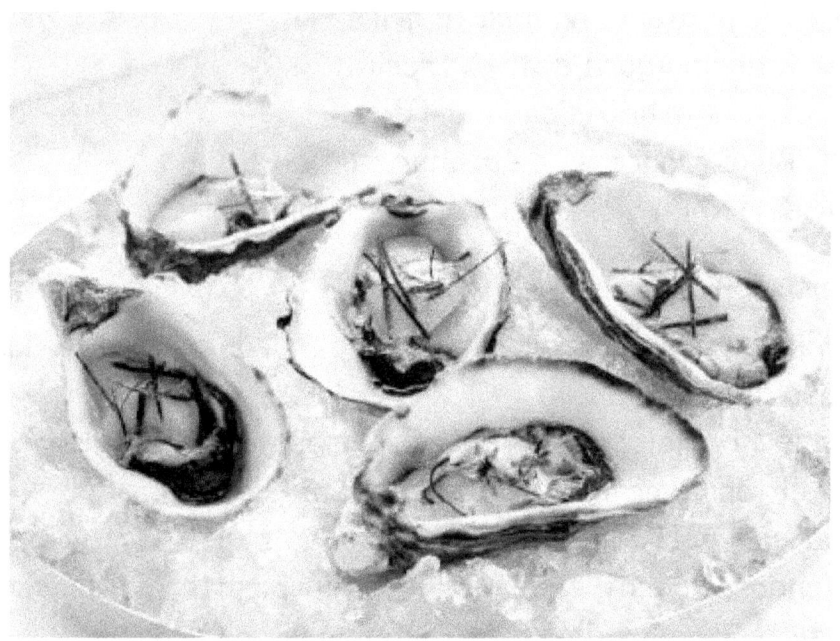

PËRBËRËSIT:

- 12 goca deti të vogla të Paqësorit, të papërpunuara në guaskë 2 lugë gjelle. uthull verë e bardhë
- 8 oz verë të bardhë 1/4 C qepe, të grirë
- 2 lugë gjelle. mustardë wasabi 1 lugë gjelle. salce soje
- 1 C gjalpë pakripur, të prera në kubikë 1 C gjethe cilantro të copëtuara
- Kripë dhe piper të zi për shije

UDHËZIME:

Në një tenxhere, mbi nxehtësinë mesatare, bashkoni uthullën e verës së bardhë, verën dhe qepujt. Ziejini derisa lëngu të pakësohet pak. Shtoni mustardën wasabi dhe salcën e sojës, duke e trazuar.

Në zjarr të ngadaltë hidhni gradualisht gjalpin. Mos e lini përzierjen të vlojë. përzieni cilantron dhe hiqeni nga zjarri.

Gatuani gocat e detit derisa lëvozhgat të hapen . Hiqni gocat e detit nga grila e peletit dhe prisni muskulin lidhës nga guaska e sipërme,

Shtypni çdo gocë deti (në guaskë) në kripën e trashë për ta mbajtur atë drejt, më pas hidhni 1-2 lugë çaji me salcë wasabi-gjalpë mbi secilën dhe shërbejeni menjëherë.

44. Osterra të tymosura

Gocat e tymosur kanë një aromë të kripur dhe të tymosur që është perfekte për meze ose për t'u shtuar në pjatat e makaronave. Ja si të pini duhan goca deti:

Koha e përgatitjes: 15 minuta
Koha e pirjes së duhanit: 1-1,5 orë
Bën: Ndryshon

PËRBËRËSIT:
- goca deti të freskëta në guaskë
- Lëng limoni
- Salcë e nxehtë (opsionale)
- Patate të skuqura druri për pirjen e duhanit (varietetet e alderit ose drufrutorëve janë zgjedhje të mira)

UDHËZIME:
a) Mbyllni gocat e detit, hiqni ato nga lëvozhgat dhe vendosini në një tas.
b) Spërkatini gocat e detit me pak lëng limoni dhe pak salcë të nxehtë për aromë të shtuar.
c) Ngrohni duhanpirësin tuaj në 225-250°F (107-121°C) dhe shtoni copëzat e drurit.
d) Vendosini gocat e ngurta direkt në raftet e duhanpirësit.
e) Piqini gocat e detit për 1-1,5 orë derisa të marrin një aromë tymi.
f) Shërbejeni me një salcë mijonete, bukë të sapopjekur me kore, krisur ose një sallatë me kastravec dhe kopër.

45. Osterra të tymosura me erëza

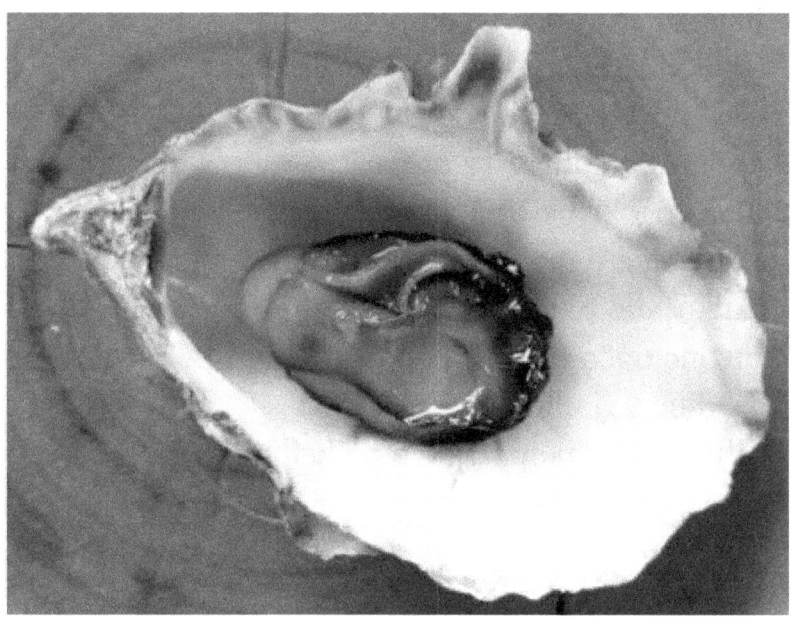

PËRBËRËSIT:

- ½ filxhan salcë soje
- 2 lugë salcë Worcestershire
- 1 filxhan sheqer kaf të paketuar fort
- 2 gjethe dafine te thara
- 2 thelpinj hudhre, te grira
- 2 lugë çaji kripë dhe piper të zi
- 1 lugë salcë e nxehtë
- 1 lugë gjelle pluhur qepë
- 2 duzina goca deti të papërpunuara, të gërvishtura
- ¼ filxhan vaj ulliri
- ½ filxhan (1 shkop) gjalpë pa kripë
- 1 lugë çaji hudhër pluhur

UDHËZIME:

Në një enë të madhe, përzieni ujin, salcën e sojës, Worcestershire, kripën, sheqerin, gjethet e dafinës, hudhrën, piperin, salcën djegëse dhe pluhurin e qepës.

Zhyt gocat e papërpunuara në shëllirë dhe vendoseni në frigorifer gjatë natës.

Vendosni gocat e detit në një rrogoz që nuk ngjit, spërkatni me vaj ulliri dhe vendoseni tapetin në duhanpirës.

I pini gocat e detit për 1½ deri në 2 orë, derisa të forcohen. Shërbejeni me gjalpë dhe hudhër pluhur.

SEABASS

46. Leshkë deti i pjekur në skarë me limon dhe gjalpë barishtore

PËRBËRËSIT:
- 4 fileta levreku
- 1/4 filxhan gjalpë pa kripë, i zbutur
- Lëkura dhe lëngu i 1 limoni
- 2 thelpinj hudhre, te grira
- 1 lugë majdanoz i freskët i grirë
- 1 lugë gjelle trumzë e freskët e copëtuar
- Kripë dhe piper të zi për shije
- Copa limoni për servirje

UDHËZIME:
a) Ngrohni grilën në nxehtësi mesatare-të lartë.
b) Në një tas të vogël, përzieni së bashku gjalpin e zbutur, lëkurën e limonit, lëngun e limonit, hudhrën e grirë, majdanozin e grirë, trumzën e grirë, kripën dhe piperin e zi për të bërë gjalpin e barit.
c) I rregullojmë filetot e levrekut me kripë dhe piper të zi.
d) Vendosni filetot e levrekut në skarë, me anën e lëkurës poshtë. Piqeni në skarë për rreth 4-5 minuta nga njëra anë, ose derisa peshku të jetë gatuar dhe të skuqet lehtësisht me një pirun.
e) Hiqeni levrekun e detit nga skarë dhe sipër çdo fileto me një kukull bujare gjalpë barishte limoni.
f) Shërbejeni të nxehtë me copa limoni anash.

47. Levrek në Barbekju me salcë Chimichurri

PËRBËRËSIT:
- 4 fileta levreku
- Vaj ulliri
- Kripë dhe piper të zi për shije
- Salcë Chimichurri (e blerë në dyqan ose shtëpi) për servirje

UDHËZIME:
a) Ngrohni grilën në nxehtësi mesatare-të lartë.
b) Lyejini filetot e levrekut me vaj ulliri dhe i rregulloni me kripë dhe piper të zi.
c) Vendosni filetot e levrekut në skarë, me anën e lëkurës poshtë. Piqeni në skarë për rreth 4-5 minuta nga njëra anë, ose derisa peshku të jetë gatuar dhe të skuqet lehtësisht me një pirun.
d) Hiqeni levrekun nga skara dhe vendoseni në një pjatë servirjeje.
e) Shërbejeni të nxehtë me salcë chimichurri të spërkatur sipër.

48. Lekër deti i pjekur në skarë të stilit aziatik

PËRBËRËSIT:
- 4 fileta levreku
- 1/4 filxhan salcë soje
- 2 lugë mjaltë
- 2 lugë gjelle uthull orizi
- 1 lugë gjelle vaj susami
- 2 thelpinj hudhre, te grira
- 1 lugë çaji xhenxhefil të freskët të grirë
- 2 qepë të njoma, të grira
- Farat e susamit për zbukurim (opsionale)

UDHËZIME:
a) Në një tas të vogël, rrihni së bashku salcën e sojës, mjaltin, uthullën e orizit, vajin e susamit, hudhrën e grirë, xhenxhefilin e grirë dhe qepët e gjelbra të grira për të bërë marinadën.
b) Vendosni filetot e levrekut në një enë të cekët dhe derdhni mbi to marinadën. Kthejeni për të veshur në mënyrë të barabartë. Marinojini në frigorifer për 20-30 minuta.
c) Ngrohni grilën në nxehtësi mesatare-të lartë. Hiqni filetot e levrekut nga marinada dhe hidhni marinadën e tepërt.
d) Vendosni filetot e levrekut në skarë, me anën e lëkurës poshtë. Piqeni në skarë për rreth 4-5 minuta nga njëra anë, ose derisa peshku të jetë gatuar dhe të skuqet lehtësisht me një pirun.
e) Transferoni levrekun në një pjatë për servirje dhe spërkatni me farat e susamit, nëse dëshironi.

f) Shërbejeni të nxehtë me oriz të zier në avull ose perime të frymëzuara nga Azia.

49. Bas me vija me gjuajtje Cattail

PËRBËRËSIT:
- 8-10 lastarë të bishtit, hiqen majat e gjelbra
- 6-8 morele, të pastruara dhe të prera
- ½ filxhan vaj ulliri plus 1 lugë gjelle
- ½ filxhan trumzë të freskët, me kërcell dhe të pastruar
- ½ lugë çaji kripë
- 1 lugë çaji piper i zi i sapo bluar
- 1½ paund fileto bas me vija
- Kripë dhe piper i zi i sapo bluar
- 2 lugë gjelle gjalpë
- Lëng nga 1 limon të vogël

UDHËZIME:
a) Ngrohni një skarë.
b) Hiqni shtresën e jashtme të fortë nga bishtat dhe priteni në feta diagonalisht si qepët. Le menjane.
c) Përzieni ½ filxhan vaj dhe trumzë dhe kripë e piper në një tas të vogël.
d) Me një furçë ose lugë lyejmë fileton e basit dhe e kalojmë në skarë.
e) Ndërkohë, ngrohni gjalpin dhe 1 lugë vaj të mbetur në një tigan mbi nxehtësinë mesatare. Skuqini morelët për 3 deri në 4 minuta, derisa kërpudhat të zbuten. Shtoni filizat e bishtit të prerë në feta, ulni zjarrin dhe gatuajeni për 2 deri në 3 minuta më shumë. Ulni nxehtësinë dhe mbajeni ngrohtë.
f) Piqeni basin në skarë për 4 deri në 5 minuta nga secila anë

g) Ndani në katër porcione dhe vendoseni në pjata të ngrohta. Hidhni me lugë morels dhe cattails pranë basit. Hidhni lëngun e limonit mbi levrekun dhe rregulloni me kripë dhe piper shtesë. Shërbejeni menjëherë.

50. Leshkë deti i pjekur në skarë mesdhetare

PËRBËRËSIT:

- 4 fileta levreku
- 1/4 filxhan vaj ulliri ekstra të virgjër
- Lëkura dhe lëngu i 1 limoni
- 2 thelpinj hudhre, te grira
- 1 lugë rozmarinë e freskët e copëtuar
- 1 lugë gjelle rigon i freskët i grirë
- Kripë dhe piper të zi për shije
- Pika limoni dhe barishte të freskëta për zbukurim

UDHËZIME:

a) Në një tas të vogël, përzieni vajin e ullirit ekstra të virgjër, lëkurën e limonit, lëngun e limonit, hudhrën e grirë, rozmarinën e grirë, rigonin e grirë, kripën dhe piperin e zi për të bërë marinadën.

b) Vendosni filetot e levrekut në një enë të cekët dhe derdhni mbi to marinadën. Kthejeni për të veshur në mënyrë të barabartë. Marinojini në frigorifer për 20-30 minuta.

c) Ngrohni grilën në nxehtësi mesatare-të lartë. Hiqni filetot e levrekut nga marinada dhe hidhni marinadën e tepërt.

d) Vendosni filetot e levrekut në skarë, me anën e lëkurës poshtë. Piqeni në skarë për rreth 4-5 minuta nga njëra anë, ose derisa peshku të jetë gatuar dhe të skuqet lehtësisht me një pirun.

e) Transferoni levrekun në një pjatë për servirje. Zbukuroni me copa limoni dhe barishte të freskëta.

f) Shërbejeni të nxehtë me pjatat anësore të zgjedhjes suaj, të tilla si perime të pjekura ose kuskus.

51. Mayo - Bass i pjekur në skarë

PËRBËRËSIT:
- 2 paund. fileto bas ose bifteke
- 1 C majonezë
- 4 oz. salce soje

UDHËZIME:
a) Përzieni majonezën dhe salcën e sojës.
b) Mbuloni të gjithë sipërfaqen (anën e mishit) të secilës fileto bas me përzierjen.
c) Vendoseni në skarë me pelet, me anën e lëkurës poshtë. Mos u ktheni.
d) Kur skajet të dalin dhe luspat të shpërthejnë, hiqini dhe shërbejeni.

52. Bass me vija me salcë karkalecash

PËRBËRËSIT:
- 1 qepë e bardhë e ëmbël e madhe, e grirë hollë
- 3-4 thelpinj hudhër, të qëruara
- 2 lugë çaji xhenxhefil të freskët të grirë imët
- 1 lugë çaji djegës pluhur
- 2½ lugë vaj kanola
- 1½ paund fileto bas me vija
- 1 domate mesatare, e prerë në kubikë
- 1 lugë gjelle pastë karkalecash
- Lëng ½ limoni (rreth 1½ lugë gjelle)
- Oriz i bardhë i gatuar

UDHËZIME:
a) Pushoni qepën, hudhrën, xhenxhefilin dhe pluhurin djegës pesë ose gjashtë herë në tasin e një përpunuesi ushqimi. Lyejeni anët dhe bëjeni pure për 1 deri në 2 minuta, ose derisa të jetë e qetë.

b) Ngrohni vajin në një tigan mesatar mbi nxehtësinë mesatare në të lartë. Shtoni përbërësit e bërë pure, përzieni, ulni nxehtësinë në minimum dhe gatuajeni për rreth 15 minuta, të mbuluara, duke i përzier herë pas here, derisa të trashet.

c) Ndërkohë, ngrohni një skarë.

d) Vendosni filetot në një rende të lyer me vaj dhe ziejini për 3 deri në 4 minuta. Kthejeni dhe gatuajeni 4 deri në 5 minuta më gjatë, ose derisa të jetë e fortë. Lëvizni në raftin e ngrohjes së skarës.

e) Shtoni domatet në tigan, gatuajeni për 3 deri në 4 minuta, rrotulloni pastën e karkalecave dhe përzieni për 1 minutë.
f) I kalojmë filetot në tigan duke i hedhur me lugë salcën sipër. Hidhni sipër lëngun e limonit, mbulojeni për 1 deri në 2 minuta dhe hiqeni nga zjarri.
g) Ndani peshkun në katër pjesë, hidhni me lugë salcën mbi secilën dhe shërbejeni menjëherë me oriz të bardhë.
h) SHËRBON 4

karavidhe

53. Bishta karavidhe të ëmbla të pjekura në skarë

PËRBËRËSIT:

- 12 bishta karavidhesh
- ½ C vaj ulliri
- ¼ C lëng limoni të freskët
- ½ C gjalpë
- 1 lugë gjelle. hudhra e shtypur
- 1 lugë sheqer
- 1/2 lugë kripë
- ½ lugë piper i zi

UDHËZIME:

Kombinoni lëngun e limonit, gjalpin, hudhrën, kripën dhe piperin mbi nxehtësinë e ulët dhe përzieni derisa të përzihet mirë, mbajeni të ngrohtë.

Krijoni një "zonë të ftohtë" në njërin skaj të grilës së peletit. Lyejeni anën e mishit të bishtave me vaj ulliri, vendoseni në skarë dhe gatuajeni për 5-7 minuta, në varësi të madhësisë së bishtit të karavidheve.

Pasi ta ktheni, lyeni mishin me gjalpë hudhre 2-3 herë.

Predha duhet të jetë e kuqe e ndezur kur të mbarojnë. Hiqni bishtat nga grila dhe duke përdorur gërshërë të mëdha kuzhine, hapni pjesën e sipërme të guaskës.

Shërbejeni me gjalpë hudhre të ngrohtë për zhytje.

54. Bishtat e karavidheve me gjalpë limoni

PËRBËRËSIT:

- 4 (8 ons) bishta karavidhesh, të freskëta (jo të ngrira)
- 1 filxhan (2 shkopinj) gjalpë pa kripë, i shkrirë, i ndarë
- Lëng nga 2 limona
- 1 lugë çaji hudhër të grirë
- 1 lugë çaji trumzë e tharë
- 1 lugë çaji rozmarinë e tharë
- 1 lugë çaji kripë
- 1 lugë çaji piper i zi i sapo bluar
- Vaj ulliri, për lyerjen me vaj të rendes
- ¼ filxhan majdanoz të freskët të grirë

UDHËZIME:

a) Në një tas të vogël, përzieni së bashku gjalpin, lëngun e limonit, hudhrën, trumzën, rozmarinën, kripën dhe piperin. Lyejeni çdo bisht karavidhesh me 1 lugë gjelle gjalpë limoni.

b) Vendosni bishtat në raftin e duhanpirësit të ndarë nga ana lart.

c) Piqeni bishtat për 45 minuta deri në 1 orë, duke i lyer secilin me 1 lugë gjelle gjalpë limoni një herë gjatë gatimit.

d) Hiqni bishtat e karavidheve dhe spërkatni me majdanoz dhe shërbejeni me gjalpin e mbetur të limonit për zhytje.

55. Bishtat e karavidheve të tymosur

PËRBËRËSIT:
GJALPI LIMON HUDHËR:
- ½ filxhan (1 shkop ose 113,4 gram) gjalpë të kripur
- 4 thelpinj hudhre
- 2 lugë gjelle (29,57 ml) lëng limoni të saposhtrydhur

BISHT TE Tymosur karavidhe:
- 4 bishta karavidhesh, të shkrirë, (4-6 ons secili, 113-170 gram secili)
- Kripë dhe piper
- Majdanoz i freskët i grirë për zbukurim (opsionale)

UDHËZIME:
GJALPI LIMON HUDHËR:
a) Në një tigan të vogël mbi nxehtësinë mesatare-të ulët shkrini gjalpin. Shtoni hudhrën dhe përzieni vazhdimisht për 30 sekonda.
b) Fikni zjarrin dhe përzieni lëngun e limonit. Lëreni mënjanë salcën me gjalpë limon-hudhër.

BISHT TE Tymosur karavidhe:
c) Merrni një palë gërshërë kuzhine dhe këpusni nga mesi i guaskës deri në bazën e bishtit në një dërrasë prerëse. Kthejeni bishtin dhe shtypni butësisht barkun për të liruar mishin.
d) Kthejeni karavidhen përsëri me anën e çarë të kthyer nga lart dhe tërhiqni butësisht gjysmat e lëvozhgës së karavidheve, duke përdorur gishtat për të liruar mishin nga pjesa e brendshme e guaskës duke e mbajtur ende të ngjitur në bazë. Pasi mishi të lirohet, vendoseni në pjesën e pasme të guaskës.

e) Lyejmë bishtat e karavidheve me salcën e gjalpit me limon-hudhër dhe i spërkasim me kripë dhe piper.
f) Vendosni bishtat e karavidheve direkt në grilat e një duhanpirësi 225 gradë F me një tigan me ujë. Mbyllni kapakun dhe pini duhan derisa temperatura e brendshme e mishit të arrijë 130-140 gradë F, e cila duhet të zgjasë rreth 45-60 minuta.
g) Hiqni bishtat e karavidheve të tymosur nga duhanpirësi, lyejini sërish me gjalpë limon-hudhër dhe sipas dëshirës spërkatini me majdanoz.
h) Shijoni bishtat e shijshëm të karavidheve të tymosur me gjalpë limon-hudhër! Kjo pjatë elegante dhe e shijshme me siguri do të bëjë përshtypje.

KUQE KUQ

56. Snapper e kuqe me kore shegeri

PËRBËRËSIT:
- 1 lugë gjelle sheqer kaf
- 2 lugë çaji hudhër të grirë
- 2 lugë çaji kripë
- 2 lugë çaji piper të zi të sapo bluar
- $\frac{1}{2}$ lugë çaji thekon spec të kuq të grimcuar
- 1 ($1\frac{1}{2}$- deri në 2 kile) fileto me grila të kuqe
- 2 lugë gjelle vaj ulliri, plus më shumë për lyerjen e grirës
- 1 gëlqere e prerë në feta, për zbukurim

UDHËZIME:
Pas procedurës specifike të fillimit të prodhuesit, ngrohni paraprakisht duhanpirësin në 225°F dhe shtoni Peletin e Preferuar të Drurit të Alder.

Në një tas të vogël, përzieni sheqerin kaf, hudhrën dhe kripën, piperin dhe thekonet e piperit të kuq për të bërë një përzierje erëzash.

Fërkoni vajin e ullirit në të gjithë peshkun dhe aplikoni përzierjen e erëzave në shtresë.

Lyejeni me vaj grilën e skarës ose një rrogoz skarë që nuk ngjit ose ekranin e shpuar të picës. Vendoseni fileton në raftin e duhanpirësit dhe pini duhan për 1 deri në $1\frac{1}{2}$ orë, derisa temperatura e brendshme e tymit të regjistrojë 145°F.

Hiqni peshkun nga Peleti i Preferuar i Dritit dhe shërbejeni të nxehtë me fetat e limonit.

57. Snapper agrume në skarë me oriz gëlqere

Rendimenti: 1 porcion

PËRBËRËSIT:

- 1½ paund Red Snapper
- 1 filxhan lëng portokalli
- 1 filxhan lëng grejpfruti
- ¼ filxhan lëng limoni
- 2 lugë gjelle cilantro e freskët e grirë
- ¼ lugë çaji piper kajen
- 2 lugë salcë soje
- 1 lugë gjelle hudhër të prerë në kubikë
- 1½ filxhan Ujë
- 1 filxhan oriz me kokërr të gjatë
- 1 lugë gjelle vaj ulliri ekstra i virgjër
- 2½ lugë gjelle lëng limoni të freskët ose limon
- 3 lugë çaji lëvore të grira; (për zbukurim)
- 1 lugë çaji piper i bardhë i bluar
- ¼ filxhan qepë të gjelbër ose qepë të prera në kubikë; (për zbukurim)

UDHËZIME:

a) Ngroheni skarën në 375 gradë.
b) Përzieni lëngjet e agrumeve, cilantro, specin kajen, hudhrën e prerë në kubikë dhe salcën e sojës në një enë pjekjeje të cekët. Shtoni peshkun dhe vendoseni në frigorifer për 4 orë, duke e rrotulluar peshkun pas 2 orësh.
c) Nxirreni peshkun nga shëllira dhe mbështilleni me letër alumini. Vendoseni paketën e mbështjellë në një tepsi dhe piqni për 15 deri në 20 minuta ose më

shumë derisa mishi të copëtohet lehtë. Hapeni peshkun dhe shërbejeni në një pjatë të madhe.

ORIZ LIME:

d) Përzieni përbërësit dhe ziejini për 30 minuta ose më shumë derisa uji të avullojë.

e) I rregullojmë me piper dhe e zbukurojmë me lëkurë dhe qepë

58. Snapper e kuqe e pjekur në skarë me marinadë me barishte agrume

PËRBËRËSIT:
- 4 fileto këpurdhash të kuqe
- 1/4 filxhan vaj ulliri
- Lëkura dhe lëngu i 1 limoni
- Lëkura dhe lëngu i 1 lime
- 2 thelpinj hudhre, te grira
- 1 lugë majdanoz i freskët i grirë
- 1 lugë gjelle cilantro e freskët e copëtuar
- Kripë dhe piper të zi për shije
- Copa limoni dhe gëlqereje për servirje

UDHËZIME:
a) Në një tas përzieni së bashku vajin e ullirit, lëkurën e limonit, lëngun e limonit, lëkurën e limonit, lëngun e limonit, hudhrën e grirë, majdanozin e grirë, cilantron e copëtuar, kripën dhe piperin e zi për të bërë marinadën.
b) Vendosni filetot e kuqe në një enë të cekët dhe derdhni marinadën mbi to. Kthejeni për të veshur në mënyrë të barabartë. Marinojini në frigorifer për 20-30 minuta.
c) Ngrohni grilën në nxehtësi mesatare-të lartë. Hiqni filetot e kuqe nga marinada dhe hidhni marinadën e tepërt.
d) Vendosni filetot e kuq në skarë, me anën e lëkurës poshtë. Piqeni në skarë për rreth 4-5 minuta nga njëra anë, ose derisa peshku të jetë gatuar dhe të skuqet lehtësisht me një pirun.
e) Shërbejeni të nxehtë me limon dhe limon anash.

59. BQ Snapper e kuqe me salsa pikante mango

PËRBËRËSIT:
- 4 fileto këpurdhash të kuqe
- Vaj ulliri
- Kripë dhe piper të zi për shije

PËR SALSA MANGO pikante:
- 1 mango e pjekur, e prerë në kubikë
- 1/2 qepë të kuqe, të grirë hollë
- 1/2 spec i kuq zile, i prerë në kubikë
- 1 jalapeño, me fara dhe të grira hollë
- 1/4 filxhan cilantro të freskët të copëtuar
- Lëng nga 1 lime
- Kripë dhe piper të zi për shije

UDHËZIME:
a) Ngrohni grilën në nxehtësi mesatare-të lartë.

b) I lyejmë me vaj ulliri filetot e kuqe dhe i rregullojmë me kripë dhe piper të zi.

c) Vendosni filetot e kuq në skarë, me anën e lëkurës poshtë. Piqeni në skarë për rreth 4-5 minuta nga njëra anë, ose derisa peshku të jetë gatuar dhe të skuqet lehtësisht me një pirun.

d) Ndërkohë, përgatisni salsën pikante të mangos duke kombinuar mangon e prerë në kubikë, qepën e kuqe të copëtuar, specin e kuq të prerë në kubikë, jalapeño të copëtuar, cilantro të copëtuar, lëngun e limonit, kripën dhe piperin e zi në një tas. Përziejini mirë.

e) Shërbejeni gripën e kuqe të pjekur në skarë të nxehtë me salsa me mango pikante të vendosur sipër.

60. Snapper e kuqe Cajun e pjekur në skarë

PËRBËRËSIT:
- 4 fileto këpurdhash të kuqe
- 2 luge vaj ulliri
- 2 lugë çaji erëza Cajun
- 1 lugë çaji paprika e tymosur
- 1/2 lugë çaji pluhur hudhër
- 1/2 lugë çaji pluhur qepë
- Kripë dhe piper të zi për shije
- Copa limoni për servirje

UDHËZIME:
a) Në një tas të vogël, kombinoni vajin e ullirit, erëzat Cajun, paprikën e tymosur, pluhurin e hudhrës, pluhurin e qepës, kripën dhe piperin e zi.
b) Fërkoni të dyja anët e filetove të kuqe me përzierjen e erëzave.
c) Ngrohni grilën në nxehtësi mesatare-të lartë. Vendosni filetot e kuq në skarë, me anën e lëkurës poshtë.
d) Piqeni në skarë për rreth 4-5 minuta nga njëra anë, ose derisa peshku të jetë gatuar dhe të skuqet lehtësisht me një pirun.
e) Shërbejeni të nxehtë me copa limoni anash.

61. e pjekur në skarë me salsa borziloku me domate

PËRBËRËSIT:
- 4 fileto këpurdhash të kuqe
- 2 luge vaj ulliri
- Kripë dhe piper të zi për shije

PËR SALSA BAZIL DOMATE:
- 2 domate të mëdha, të prera në kubikë
- 1/4 filxhan borzilok të freskët të copëtuar
- 2 lugë qepë të kuqe të grirë
- 1 luge uthull balsamike
- 1 luge vaj ulliri
- Kripë dhe piper të zi për shije

UDHËZIME:
a) Ngrohni grilën në nxehtësi mesatare-të lartë.
b) I lyejmë me vaj ulliri filetot e kuqe dhe i rregullojmë me kripë dhe piper të zi.
c) Vendosni filetot e kuq në skarë, me anën e lëkurës poshtë. Piqeni në skarë për rreth 4-5 minuta nga njëra anë, ose derisa peshku të jetë gatuar dhe të skuqet lehtësisht me një pirun.
d) Ndërkohë përgatisim salsën e borzilokut me domate duke bashkuar në një tas domatet e prera në kubikë, borzilokun e grirë, qepën e kuqe të grirë, uthullën balsamike, vajin e ullirit, kripën dhe piperin e zi. Përziejini mirë.
e) Shërbejeni snapper të kuqe të pjekur në skarë me salsa borziloku me domate të lugët sipër.

PESHK I BARDHË (MERUC, HADDOCK, DHE HALIBUT, CRAPPIE, MACE)

62. peshku me speca të zjarrtë

PËRBËRËSIT:
- 1 (16 ons) kuti kartoni të përgatitur me salcë lakër të ëmbël
- 1 qepë e kuqe e vogël, e grirë
- 1 spec poblano, i grirë
- 1 piper jalapeño, i grirë
- 1 spec serrano, i grirë
- ¼ filxhan cilantro e freskët e copëtuar
- 1 lugë gjelle hudhër të grirë
- 2 lugë çaji kripë, të ndara
- 2 lugë çaji piper të zi të sapo bluar, të ndarë
- 1 gëlqere, e përgjysmuar
- 1 kile merluc pa lëkurë, shojzë e hapur ose ndonjë peshk i bardhë (shih këshillën)
- 1 lugë gjelle vaj ulliri, plus më shumë për lyerjen e grirës
- Tortila me miell ose misër
- 1 avokado, e prerë në feta hollë

UDHËZIME:
Bëni sallata.
Lyejeni gjysmën e gëlqeres dhe gjysmën tjetër e prisni në copa. Fërkojeni peshkun në të gjithë me lëng limoni dhe vaj ulliri.
Sezoni peshkun dhe vendoseni peshkun në raftin e duhanpirësit dhe pini duhan për 1 deri në 1 orë e gjysmë

63. Skewers Barbecued E Peshqit

PËRBËRËSIT:
- 1 kile peshk i bardhë i fortë
- 1 lugë çaji kripë
- 6 thelpinj hudhre
- 1½ inç xhenxhefil me rrënjë të freskët
- 1 lugë gjelle garam masala
- 1 lugë gjelle koriandër të bluar
- 1 lugë çaji piper kajen
- 4 ons kos të thjeshtë
- 1 lugë gjelle vaj vegjetal
- 1 Limon
- 2 speca djegës të gjelbër të nxehtë

UDHËZIME:
a) Fileto dhe peshku me lëkurë më pas priteni në kube 11/2 inç. Vendosni rreth 5 copë në çdo hell dhe spërkatni me kripë.

b) Bëni një pastë nga hudhra, xhenxhefil, erëza dhe kos dhe përdorni atë për të mbuluar peshkun. Lëreni për disa orë dhe më pas piqni në skarë.

c) Hellat mund të spërkaten me pak vaj gjatë gatimit nëse është e nevojshme. Zbukuroni me limon të prerë në copa dhe rrathë të imët të specit të gjelbër djegës me fara.

64. Kod i tymosur

PËRBËRËSIT:
- 4 fileta merluci

shëllirë e thatë:
- ½ filxhan (120 gram) sheqer kaf
- ⅓ filxhan (80 gram) kripë kosher

UDHËZIME:
a) Spërkateni peshkun me kripë dhe shëllirë të thatë në frigorifer për një orë.
b) Hiqeni peshkun nga frigoriferi dhe thajeni me peshqir letre.
c) Ndizni duhanpirësin tuaj në 225°F (107°C) ose vendosni skarën tuaj për gatim në 2 zona. Shtoni patate të skuqura druri në qymyr.
d) Vini filetot e merlucit me llak që nuk ngjit ose u jepni një shtresë të lehtë majonezë. Kjo do të parandalojë që filetot të ngjiten në grilat e duhanpirësit tuaj.
e) Vendoseni merlucin në grilat e duhanpirësit. Gatuani derisa temperatura e brendshme të arrijë 140°F (60°C), e cila duhet të zgjasë rreth 40-60 minuta.

65. Peshk i pjekur në skarë me glazurë Dijon

PËRBËRËSIT:

- 4 Fileto peshku ose bifteke; 7 ons
- $\frac{1}{4}$ filxhan Glaze me bar limoni Dijon
- $\frac{1}{2}$ filxhan verë e bardhë e thatë
- barishte të freskëta; për zbukurim

UDHËZIME:

a) Ngrohni deri në 500 gradë.
b) Ngroheni tiganin në zjarr të lartë, derisa të jetë shumë i nxehtë.
c) Ndërsa është duke u ngrohur, lyejeni lustër mbi të gjitha sipërfaqet e peshkut, veçanërisht të gjithë mishin.
d) Për të pjekur në skarë: Vendoseni peshkun në skarë dhe gatuajeni, duke e rrotulluar vetëm një herë (për 5 minuta për inç). Hiqeni peshkun nga skara ose hiqeni nga skara dhe vendoseni menjëherë në një pjatë me porcione të ngrohura ose në pjata individuale të ngrohura. Shtoni verën në tigan dhe gatuajeni në temperaturë mesatare , duke e përzier vazhdimisht derisa salca të zvogëlohet përgjysmë. Për pjekje, gatuaj verë dhe 1 lugë glazurë Dijon në një tigan të vogël. Hidhni sipër peshkut, zbukurojeni me barishte të freskëta dhe shërbejeni menjëherë.

66. Brekë e pjekur në skarë me kopër

PËRBËRËSIT:

- 4 fileto krapi
- Vaj ulliri për larje
- 10 qepe; i qëruar, i segmentuar
- 4 karota; segmentuar imët
- 1 kopër e plotë; bërthama, e përgjysmuar
- 2 majë shafran
- Verë e bardhë e ëmbël
- Lëngu i peshkut 1 litër
- Krem i dyfishtë 1 litër
- Një portokall; lëngun e
- 1 tufë koriandër; prerë imët

UDHËZIME:

a) Gatuani karotat, qepujt, kopër dhe shafranin në vaj ulliri pa ngjyrosur për 3-4 minuta. I mbulojmë me verë perimet për tre të katërtat dhe i pakësojmë plotësisht.

b) Shtoni lëngun e peshkut dhe zvogëloni me një të tretën. Kontrolloni karotat duke i reduktuar dhe nëse sapo janë gatuar, kullojeni pijen nga perimet dhe kthejeni pijen në tigan për ta reduktuar më tej. Lërini mënjanë perimet.

c) Shtoni kremin në pijen reduktuese dhe zvogëloni që të trashet pak. I lyejmë filetot e krapit me vaj ulliri dhe i grijmë në grilë nga ana e lëkurës poshtë.

d) Shtoni lëngun e portokallit në lëngun e reduktuar dhe ktheni perimet në tigan. I rregullojmë dhe i shërbejmë me peshkun.

67. Crappie me proshutë të pjekur në skarë

PËRBËRËSIT:

- 20 Fileto Crappie
- 20 feta proshutë
- $\frac{1}{4}$ lugë çaji pluhur hudhër
- $\frac{1}{4}$ lugë çaji pluhur qepë
- $\frac{1}{4}$ lugë çaji piper

UDHËZIME:

a) Spërkatni erëza mbi fileto. Rrotulloni filetot, mbështillni me proshutë dhe kunjoni me një kruese dhëmbësh.

b) Grijini mbi nxehtësi të dobët, me peletat e peletit të preferuar të drurit të mollës, duke i kthyer filetat disa herë.

c) Sigurohuni që të shuani të gjitha flakët e shkaktuara nga yndyra e proshutës me një shishe me spërkatje uji.

d) Gatuajini derisa proshuta të marrë ngjyrë kafe dhe në brendësi të filetove.

68. Mustak i tymosur

PËRBËRËSIT:
- 1 litër (946 ml) dhallë
- 2 lugë gjelle (30 ml) salcë e nxehtë
- 4 fileto mustak të mëdhenj
- 2 lugë çaji (10 g) rigon të tharë
- 1 lugë çaji lëvore limoni të dehidratuar
- 1 lugë çaji (5 g) kripë kosher
- ½ lugë çaji piper i zi i bluar
- Vaj ulliri

UDHËZIME:
a) Kombinoni dhallën dhe salcën e nxehtë në një tavë 13 me 9 inç. Shtoni fileto mustak dhe mbulojini me mbështjellës plastik. Lëreni në frigorifer për 1 orë. Pas 1 ore, hiqni mustakët nga frigoriferi dhe thajini me peshqir letre.

b) Vendoseni skarën tuaj për ngrohje indirekte në një temperaturë mesatare-të ulët, afërsisht 275 gradë F.

c) Përzieni rigonin, lëkurën e limonit, kripën dhe piperin në një tas të vogël.

d) Lyeni lehtë filetot e mustakëve me vaj ulliri dhe spërkatni erëzat në mënyrë të barabartë mbi to.

e) Vendoseni mustak në skarë larg qymyrit të nxehtë. Piqeni mustak deri sa të gatuhet plotësisht dhe të marrë ngjyrë kafe të artë, rreth 45 minuta.

f) Hiqni mustakun e tymosur nga grila dhe vendoseni në një pjatë servirjeje. Shërbejeni me një salcë kopër portokalli.

69. Mustak i pjekur në skarë

PËRBËRËSIT:

- 4 Mustak i tërë
- $\frac{1}{2}$ filxhan gjalpë; i shkrirë
- $\frac{3}{4}$ filxhan thërrime krisur të grimcuara imët
- 1 lugë çaji kripë e stazhonuar
- $\frac{1}{2}$ lugë çaji kripë selino
- $\frac{1}{2}$ lugë çaji kripë hudhër

UDHËZIME:

a) Përzieni thërrimet e krisur dhe erëzat në një enë të cekët.

b) Lyejeni çdo peshk në gjalpë të shkrirë dhe më pas rrokullisni në thërrime të kalitura.

c) Vendoseni peshkun në një raft të lyer me vaj katër inç mbi qymyr të nxehtë. Gatuani 8 deri në 10 minuta nga çdo anë, duke e rrotulluar butësisht një herë.

70. Fileto Halibut e pjekur në skarë

PËRBËRËSIT:
- 3/4 filxhani thërrime buke të freskëta
- 2 lugë gjelle. djathë Pecorino Romano i grirë
- 1 lugë gjelle. lëvozhga e limonit
- 1 lugë gjelle. margarinë (i shkrirë)
- 2 lugë gjelle. majonezë

VESHJA
- 1 lugë gjelle. tarragon i freskët (i copëtuar)
- 1 paund. fileto shojza (rreth 1-1/2 cm të trasha, lëkura e mbetur)
- 2 lugë gjelle. lëng limoni të freskët

UDHËZIME:
a) Kombinoni thërrimet e bukës, parmixhanin, lëkurën e limonit, kripën dhe piperin në një tas. Shtoni margarinën dhe hidheni për të formuar një përzierje të thërrmuar.

b) Në një enë tjetër, kombinoni salcën e llojit të majonezës dhe tarragonin.

c) Rregulloni peshkun, me lëkurë poshtë, në një pjatë. Përhapeni çdo fileto me përzierje majonezë. Shtypni përzierjen e thërrimeve në çdo fileto.

d) Ngrohni paraprakisht skarën në temperaturë të lartë për 10 minuta. Ulni nxehtësinë në mesatare-të lartë. Rregulloni fileto në bbq nga ana e lëkurës poshtë. Uleni kapakun dhe gatuajeni derisa peshku të skuqet lehtë me një pirun dhe sipërfaqja të jetë skuqur mirë, rreth 10-12 minuta.

e) Hidhni lëng limoni mbi çdo fileto. Shërbejeni menjëherë.

MAHI MAHI, TROFË DHE SKUMRI

71. Piper-kopër Mahi-Mahi

PËRBËRËSIT:
- 4 fileto mahi-mahi
- $\frac{1}{4}$ filxhan kopër të freskët të copëtuar
- 2 lugë gjelle lëng limoni të saposhtrydhur
- 1 lugë gjelle piper të zi të grimcuar
- 2 lugë çaji hudhër të grirë
- 1 lugë çaji pluhur qepë
- 1 lugë çaji kripë
- 2 luge vaj ulliri

UDHËZIME:
a) Pritini filetot sipas nevojës, duke prerë çdo vijë gjaku të kuqe të dukshme. Nuk do t'ju dëmtojë, por aroma e tij më e fortë mund të përshkojë shpejt pjesën tjetër të filetos.

b) Në një tas të vogël, përzieni së bashku koprën, lëngun e limonit, kokrrat e piperit, hudhrën, pluhurin e qepës dhe kripën për të bërë një erëza.

c) Fërkojeni peshkun me vaj ulliri dhe aplikojeni erëzën kudo. Lyejeni me vaj grilën e skarës ose një rrogoz skarë që nuk ngjit ose ekranin e shpuar të picës.

d) Vendosni filetot në raftin e duhanpirësit dhe pini duhan për 1 deri në 1 orë e gjysmë.

72. Skumbri i tymosur me gjalpë limoni me shëllirë me kokrra dëllinjë

PËRBËRËSIT:
- Fileto skumbri (4-lbs., 1,8-kg.)

SHËLLIRA
- Ujë i ftohtë - 4 gota
- Farat e sinapit - 1 lugë gjelle
- Manaferrat e dëllinjës të thata - 1 lugë gjelle
- Gjethet e dafinës - 3
- Kripë - 1 lugë gjelle

GLAZA
- Gjalpë - 2 lugë gjelle
- Lëng limoni - 2 lugë

UDHËZIME:
a) Hidhni ujë të ftohtë në një enë dhe më pas rregulloni me kripë, gjethe dafine, manaferrat e thata të dëllinjës dhe farat e mustardës dhe më pas përzieni mirë.

b) Shtoni fileton e skumbri në përzierjen me shëllirë dhe më pas thitheni. Vendoseni skumbrin e kripur në një fletë alumini dhe më pas lyeni me gjalpë.

c) Hidhni lëngun e limonit dhe më pas mbështillni fileton e skumbri me letër alumini.

d) Skumbri i mbështjellë e pini duhan për 2 orë ose derisa të skuqet dhe pasi të jetë bërë, hiqeni nga duhanpirësi.

73. Troftë e tymosur

PËRBËRËSIT:
- Troftë e plotë, e pastruar dhe e hequr
- Përzierje me shëllirë (kripë, sheqer, ujë dhe barishte opsionale)
- Patate të skuqura druri për pirjen e duhanit (alderi, druri i mollës ose qershia funksionojnë mirë me troftën)

UDHËZIME:
a) Përgatitni një përzierje shëllirë duke tretur kripën dhe sheqerin në ujë. Shtoni çdo barishte ose erëza të dëshiruar për aromë shtesë. Zhytni troftën e pastruar në shëllirë dhe vendoseni në frigorifer për të paktën 2 orë ose gjatë natës.
b) Hiqeni troftën nga shëllira, shpëlajeni dhe thajeni.
c) Ngrohni duhanpirësin tuaj në 225-250°F (107-121°C) dhe shtoni copëzat e drurit.
d) Vendoseni troftën në raftet e duhanpirësit, duke lënë hapësirë midis secilit peshk.
e) Thyejeni troftën për 2-3 orë ose derisa temperatura e brendshme të arrijë 145°F (63°C). Trofta duhet të ketë një ngjyrë kafe të artë dhe një aromë të këndshme tymi.
f) Shërbejeni me salcë kremi me rrikë, feta baguette të sapopjekur, ose një sallatë të thjeshtë me rukolë, domate qershi dhe vinegrette limoni.

74. Tymosur Brined Trout

PËRBËRËSIT:

- 2 Troftë e plotë (e freskët, me lëkurë, kockat e majave të hequra)
- 3 gota shëllirë peshku të freskët

UDHËZIME:

a) Hidheni troftën në një enë plastike të mbyllur dhe derdhni në enë Shëllirë të freskët peshku
b) Transferoni fileton në një tepsi që nuk ngjit dhe vendoseni në duhanpirës për 1 minutë
c) Vazhdoni të pini duhan derisa nxehtësia e brendshme e tonit të rritet në 145°F
d) Hiqini nga duhanpirësi dhe lërini të pushojnë për 5 minuta
e) Shërbejeni dhe shijoni

75. Mahi-Mahi i tymosur

PËRBËRËSIT:
- Fileto Mahi-Mahi
- Vaj ulliri
- Lëng limoni
- Kopra ose erëza e preferuar e ushqimit të detit
- Patate të skuqura druri për pirjen e duhanit (alder ose hickory punojnë mirë)

UDHËZIME:
a) Lyeni filetot Mahi-Mahi me vaj ulliri dhe spërkatini me lëng limoni dhe erëza të zgjedhura me ushqim deti. Mund të shtoni pak kopër të freskët për aromë shtesë.

b) Ngrohni duhanpirësin tuaj në 225-250°F (107-121°C) dhe shtoni copëzat e drurit.

c) Vendosni filetot e kalitura Mahi-Mahi në raftet e duhanpirësit.

d) Pini duhan Mahi-Mahi për 1-2 orë derisa të jenë gatuar plotësisht dhe të kenë thithur shijen e tymit.

e) Shërbejeni me salsa mango, një pilaf orizi të egër me bajame të thekura, ose një kungull i njomë i pjekur në skarë dhe kungull të verdhë.

76. Troftë përroi Bbq

PËRBËRËSIT:

- ¼ filxhan mustardë të verdhë
- ¼ filxhan salcë djegës
- 2 lugë sheqer kaf
- 1 lugë çaji kripë
- 1 qepë e grirë
- 1 lugë çaji salcë Worcestershire
- 4 Troftë e pastruar

UDHËZIME:

a) Përzieni mustardën, salcën djegës, sheqerin kaf, kripën, qepën dhe Worcestershire në një tenxhere të vogël; ziejnë për 10 minuta.

b) Vendoseni peshkun në një skarë me tela të lyer mirë; lyejmë me salcë.

c) Grijini në skarë 8 minuta nga secila anë, duke e larë herë pas here.

77. Skumbri i tymosur nga Alder Wood

PËRBËRËSIT:
- 8-12 Fileto skumbri

PËR SHËLLIRË:
- 2 gota (500 ml) Ujë të vluar
- 2 gota (500 ml) akull dhe ujë të grimcuar
- ½ filxhan (125 g) kripë deti
- ¼ filxhan (65 g) Sheqer i butë kafe e lehtë
- 1 limon (lëng)
- 1 gjethe dafine
- ¾ lugë çaji hudhër pluhur
- ¾ lugë çaji pluhur qepë
- ¾ lugë çaji speca të grirë
- ½ lugë çaji piper i bardhë

PËR DUHAN:
- 1 copë dru Alder

UDHËZIME:

a) Filloni duke bërë shëllirë. Në një tenxhere të mesme, shtoni ujin e vluar së bashku me pjesën tjetër të shëllirës përbërësit dhe kthejeni sërish në valë. Përzieni kripën dhe sheqerin derisa të treten. Pasi të ketë marrë një valë, hiqeni nga zjarri dhe lëreni të ziejë për 5 minuta.

b) Mbushni një enë matëse deri në shenjën tuaj me akull të grimcuar, më pas shtoni ujë të ftohtë deri në të njëjtën pikë dhe shtoni atë në shëllirë. Kur i gjithë akulli të jetë shkrirë, kontrolloni temperaturën me gisht. Nëse është e ftohtë në prekje, është gati për t'u përdorur. Nëse është e ngrohtë, vendoseni në frigorifer për gjysmë ore dhe provojeni përsëri.

c) Lani filetot e skumbri dhe vendosini me anën e lëkurës lart në një enë jo metalike, si p.sh. një enë Tupperware pak më e gjatë se filetot. Hidhni shëllirë mbi skumbri dhe vendoseni në frigorifer për 30 minuta.

d) Pasi skumbri të ketë shëllirë për 30 minuta, hiqeni nga shëllira, shpëlajeni pjesën e tepërt dhe vendosini mishin e tyre në një shtresë të dyfishtë peshqire kuzhine. Lyeni anën e lëkurës me më shumë peshqir kuzhine.

e) Lyejeni pak me vaj gatimi një raft ftohjeje me tela dhe shtrini lëkurën e filetove poshtë në raft. Vendoseni raftin në frigorifer dhe lëreni për të paktën 2 orë që të thahet dhe të formohet një pelikul. Sa më i mirë të jetë pelikula, aq më i mirë është tymi. Pelikula është një film ngjitës që formohet mbi mish dhe ndihmon që tymi të ngjitet te peshku.

f) Ndezni një zjarr të vogël në kamado, hidhni një copë të vogël Alder, vendoseni në nxehtësi indirekte dhe ngadalë sillni temperaturën në 70-80°C në skarë.

g) Pasi kamado të jetë në temperaturë, mund ta vendosni të gjithë raftin e telit në skarë ose ta transferoni secilën fileto në skarë veç e veç, duke mos harruar ta lyeni me vaj fillimisht.

h) Piqeni skumbrin për rreth 45 minuta deri në një orë, derisa të arrini një ngjyrë të këndshme tymuese.

i) Shërbejeni skumbrin e tymosur menjëherë ose ftohni për ta shërbyer të ftohtë më vonë.

78. Troftë e pjekur në skarë me qymyr

PËRBËRËSIT:
- 4 trofta, (10 ons secila, 283 gram secila)
- ½ filxhan majonezë
- 1 domate e madhe; Segmentuar
- 4 limonë; Segmentuar
- 2 qepë; Segmentuar

UDHËZIME:
a) Ndizni skarën tuaj dhe lërini qymyrin të digjen derisa të keni një nxehtësi të qëndrueshme, mesatare-të lartë.
b) Pastroni troftën, duke u siguruar që t'i lini kokat. Kjo jo vetëm që shton shijen, por gjithashtu bën një prezantim tërheqës.
c) Përhapni majonezë në brendësi të secilës troftë, duke e lyer atë në mënyrë të barabartë.
d) Vendosni domatet e segmentuara brenda secilës troftë.
e) Hapni skarën e peshkut dhe rregulloni gjysmën e qepëve dhe limonëve të segmentuar. Më pas, vendosni sipër troftën dhe shtoni qepët dhe limonët e mbetur. Mbyllni mirë skarën e peshkut.
f) Thyejeni troftën direkt në skarë. Gatuani për 6 deri në 7 minuta nga njëra anë, më pas kthejini me kujdes dhe ziejini edhe për 5 deri në 6 minuta të tjera derisa trofta të jetë gatuar dhe të ketë një karbon të bukur.
g) Pasi të jetë bërë trofta, shërbejeni me salcën që keni zgjedhur, si salca e koprës ose e preferuara.

79. Trofta e kampit të peshkut

PËRBËRËSIT:
- 4 troftë të vogla të plota, të pastruara
- 4 rripa proshutë
- 4 degë trumzë të freskët
- 1 limon
- kripë dhe piper për shije

UDHËZIME:
a) Grilat e vajit dhe ngrohja e grilës me pelet. Skuqni proshutën, në mënyrë që të ketë filluar të gatuhet, por të jetë ende e butë. Shpëlajeni troftën dhe thajeni me një peshqir letre.
b) Vendosni një degë trumzë brenda secilit peshk. Mbështilleni çdo troftë me një rrip proshutë dhe sigurojeni me një kruese dhëmbësh.
c) Vendoseni troftën në skarë me pelet ose në një shportë grill të lyer me vaj dhe piqni në skarë 5-7 minuta për anë, në varësi të madhësisë së troftës. Trofta bëhet kur mishi bëhet i errët në qendër dhe del lehtësisht.
d) Shtrydhni pak lëng limoni të freskët mbi çdo peshk dhe shërbejeni.

FISHAT

80. Skewers Scallop Me Limon Hudhra gjalpë

PËRBËRËSIT:
- 1 £ fiston të freskët, të pastruar dhe të tharë
- 2 luge vaj ulliri
- 2 thelpinj hudhre, te grira
- Lëkura dhe lëngu i 1 limoni
- 2 lugë majdanoz të freskët të grirë
- Kripë dhe piper për shije
- Copa limoni për servirje

UDHËZIME:
a) Ngrohni grilën në nxehtësi mesatare-të lartë.
b) Në një tas të vogël, përzieni vajin e ullirit, hudhrën e grirë, lëkurën e limonit, lëngun e limonit, majdanozin e grirë, kripën dhe piperin.
c) Fije fiston mbi hell.
d) Lyejini fistonët me përzierjen e gjalpit të hudhrës së limonit.
e) Vendosni skelat e fistonit në skarë dhe gatuajeni për rreth 2-3 minuta nga çdo anë, ose derisa fistonët të jenë të errët dhe të shfaqen shenjat e skarës.
f) Shërbejeni të nxehtë me copa limoni.

81. Fiston të mbështjellë me proshutë në skarë

PËRBËRËSIT:
- 1 £ fiston të freskët, të pastruar dhe të tharë
- 8 feta proshutë, të prera në gjysmë
- Kripë dhe piper për shije
- Kruajtëse dhëmbësh prej druri, të zhytura në ujë për 30 minuta

UDHËZIME:
a) Ngrohni grilën në nxehtësi mesatare-të lartë.
b) I rregullojmë fiston me kripë dhe piper.
c) Mbështilleni çdo fiston me gjysmë fete proshutë dhe sigurojeni me një kruese dhëmbësh prej druri.
d) Vendosni fiston të mbështjellë me proshutë në skarë dhe gatuajeni për rreth 3-4 minuta nga çdo anë, ose derisa proshuta të jetë krokante dhe fiston të bëhet i errët.
e) Shërbejeni të nxehtë si meze ose me salcën tuaj të preferuar.

82. Sallatë me skalop të pjekur në skarë me glazurë balsamik

PËRBËRËSIT:
- 1 £ fiston të freskët, të pastruar dhe të tharë
- 2 luge vaj ulliri
- Kripë dhe piper për shije
- Sallatë të përzier me zarzavate
- Domate qershi, të përgjysmuara
- Qepë e kuqe, e prerë hollë
- Glazurë balsamike për spërkatje

UDHËZIME:
a) Ngrohni grilën në nxehtësi mesatare-të lartë.
b) Lyejini fistonët me vaj ulliri dhe i rregulloni me kripë dhe piper.
c) Vendosni fiston në skarë dhe gatuajini për rreth 2-3 minuta nga çdo anë, ose derisa fiston të jetë i errët dhe të shfaqen shenjat e grilave.
d) Në një tas të madh, hidhni zarzavate sallatë të përziera, domate qershi dhe qepë të kuqe të prera hollë.
e) Sipër sallatës vendosni fiston të pjekur në skarë.
f) Spërkateni me glazurë balsamike përpara se ta shërbeni.

83. Scallops deti Honey-Cayenne

PËRBËRËSIT:
- ½ filxhan (1 shkop) gjalpë, i shkrirë
- ¼ filxhan mjaltë
- 2 lugë gjelle piper kajen i bluar
- 1 lugë gjelle sheqer kaf
- 1 lugë çaji hudhër pluhur
- 1 lugë çaji pluhur qepë
- ½ lugë çaji kripë
- 20 fiston deti (rreth 2 paund)

UDHËZIME:
a) Në një tas të vogël, rrihni së bashku gjalpin, mjaltin, kajenin, sheqerin kaf, hudhrën pluhur, pluhurin e qepës dhe kripën.

b) Vendosini fistonët në një tavë për pjekje me letër alumini njëpërdorimshme dhe derdhni sipër tyre gjalpin e mjaltit të stazhionuar.

c) Vendoseni tiganin në raftin e duhanpirësit dhe tymosni fistonët për rreth 25 minuta, derisa të jenë të errëta dhe të forta dhe temperatura e brendshme e tymit të regjistrojë 130°F.

d) Hiqni fiston nga Peleti i Preferuar i Dritit dhe shërbejini të nxehtë.

84. Fiston Jumbo të pjekur në skarë me agrume

PËRBËRËSIT:
- Gjalpë i shkrirë, sipas nevojës
- Majdanoz i freskët, i prerë në kubikë
- 12 fiston të përgjysmuar
- 1 gotë ujë
- ¼ limon, me lëng
- 1 filxhan Chardonnay
- 1 lugë gjelle Gjalpë
- 2 lugë çaji mjaltë
- majë kripë
- ½ thelpi hudhër, i prerë në kubikë
- Niseshte misri, i tretur në ujë

UDHËZIME:
a) Në një tenxhere të vogël përzieni ujin, verën, lëngun, gjalpin, mjaltin me specat dhe hudhrat.
b) Vendoseni në nxehtësi të moderuar ; zvogëloni në pothuajse gjysmën, duke e përzier shpesh. Shtoni tretësirën e niseshtës së misrit derisa të jetë e trashë për shije.
c) Hiqeni nga nxehtësia; mbaje ngrohtë.
d) Grijini fiston mbi qymyr të nxehtë, duke i larë shpesh me gjalpë të shkrirë. Gatuani sipas shijes. Hiqni fiston nga grila.
e) Vendosni 6 gjysma të fistonit në secilën pjatë. Hidhni salcën e agrumeve mbi fiston dhe zbukurojeni me majdanoz.

TILAPIA

85. Snapper e kuqe në Barbecue me marinadë agrume

PËRBËRËSIT:
- 4 fileto këpurdhash të kuqe
- Lëng nga 2 limona
- Lëng nga 2 lime
- 2 thelpinj hudhre, te grira
- 2 luge vaj ulliri
- 1 lugë gjelle cilantro e freskët e copëtuar
- 1 lugë çaji djegës pluhur
- Kripë dhe piper për shije
- Copa limoni dhe gëlqereje për servirje

UDHËZIME:
a) Në një tas, përzieni së bashku lëngun e limonit, lëngun e limonit, hudhrën e grirë, vajin e ullirit, cilantron e copëtuar, pluhurin djegës, kripën dhe piperin.

b) Vendosni filetot e kuqe në një enë të cekët dhe derdhni marinadën mbi to. Kthejeni për të veshur në mënyrë të barabartë. Marinojini në frigorifer për 30 minuta.

c) Ngrohni grilën në nxehtësi mesatare-të lartë. Hiqni filetot e kuqe nga marinada dhe hidhni marinadën e tepërt.

d) Grijini në skarë filetot e kuqe për 4-5 minuta në çdo anë, ose derisa peshku të jetë i errët dhe të thekon lehtësisht me një pirun.

e) Shërbejeni të nxehtë me limon dhe limon.

86. Tilapia e pjekur në skarë me erëza Cajun

PËRBËRËSIT:
- 4 fileto tilapia
- 2 luge vaj ulliri
- 2 lugë çaji erëza Cajun
- Kripë dhe piper për shije
- Copa limoni për servirje

UDHËZIME:
a) Ngrohni grilën në nxehtësi mesatare-të lartë.
b) Lyeni filetot e tilapias me vaj ulliri dhe i rregulloni me erëza Cajun, kripë dhe piper.
c) Vendosni fileto tilapia në skarë dhe gatuajeni për 3-4 minuta nga njëra anë, ose derisa peshku të jetë i errët dhe të thekon lehtësisht me një pirun.
d) Shërbejeni të nxehtë me copa limoni.

87. Snapper e kuqe e pjekur në skarë me gjalpë barishte hudhër

PËRBËRËSIT:

- 4 fileto këpurdhash të kuqe
- 4 lugë gjalpë pa kripë, i zbutur
- 2 thelpinj hudhre, te grira
- 1 lugë majdanoz i freskët i grirë
- 1 lugë gjelle kopër të freskët të copëtuar
- Kripë dhe piper për shije
- Copa limoni për servirje

UDHËZIME:

a) Në një enë përzieni së bashku gjalpin e zbutur, hudhrën e grirë, majdanozin e grirë, koprën e grirë, kripën dhe piperin.
b) Ngrohni grilën në nxehtësi mesatare-të lartë.
c) I rregullojmë filetot e grilave të kuqe me kripë dhe piper.
d) Vendosni filetot e kuqe në një fletë alumini. Mbi çdo fileto me një kukull me gjalpë hudhre.
e) Palosni letrën e aluminit mbi fileto për të krijuar pako.
f) Piqini në skarë paketat me fletë metalike për 8-10 minuta, ose derisa peshku të jetë i errët dhe të copëtohet lehtësisht me një pirun.
g) Shërbejeni të nxehtë me copa limoni.

88. Tilapia e pjekur në skarë me barishte limoni

PËRBËRËSIT:
- 4 fileto tilapia
- 2 luge vaj ulliri
- Lëng nga 1 limon
- 2 thelpinj hudhre, te grira
- 1 lugë majdanoz i freskët i grirë
- 1 lugë gjelle borzilok të freskët të grirë
- Kripë dhe piper për shije
- Copa limoni për servirje

UDHËZIME:
a) Në një enë përzieni së bashku vajin e ullirit, lëngun e limonit, hudhrën e grirë, majdanozin e grirë, borzilokun e grirë, kripën dhe piperin.
b) Ngrohni grilën në nxehtësi mesatare-të lartë.
c) Lyejini filetot e tilapisë me marinadë me bar limoni.
d) Vendosni fileto tilapia në skarë dhe gatuajeni për 3-4 minuta nga njëra anë, ose derisa peshku të jetë i errët dhe të thekon lehtësisht me një pirun.
e) Shërbejeni të nxehtë me copa limoni.

89. Karkaleca e tymosur Tilapia

PËRBËRËSIT:
- 3 ons fileto Tilapia (të freskëta, të kultivuara)
- 3/4 lugë çaji paprika (e tymosur)
- 1 lugë gjelle ullinj ekstra të virgjër
- 3/4 lugë çaji me erëza me fruta deti

Mbushja me karkaleca:
- 1/2 Paund karkaleca me bisht
- 1/2 filxhan bukë thërrime
- 1/2 lugë gjelle gjalpë të kripur
- 3/4 lugë çaji piper
- 1 vezë (e vogël, e rrahur)
- 1/4 filxhan majonezë
- 3/4 lugë çaji majdanoz (i tharë)

UDHËZIME:
a) Hidhni karkalecat në një procesor ushqimi për t'i copëtuar imët
b) Ngrohni ullirin në një tigan të madh mbi nxehtësinë mesatare në të lartë, shtoni gjalpin dhe e shkrini, shtoni qepën dhe skuqeni derisa të zbutet.
c) Kombinoni përzierjen e skuqur, karkalecat dhe përbërësit e mbetur në një tas që ka një mbulesë
d) Fërkoni me vaj ulliri të gjitha anët e filetove. Përdorni një lugë për të mbushur disa mbushje të mrekullueshme në pjesën e pasme të secilës fileto.
e) Përhapeni mbushjen në pjesën e pasme të filetove
f) Palosni filetot e tilapisë në dysh dhe përdorni kruese dhëmbësh për t'i mbajtur fort.
g) Pjekim filetot për 40 minuta

90. Tilapia e tymosur

PËRBËRËSIT:
- 4 fileto tilapia, të pastruara dhe të hequra nga kockat
- Kripë Kosher (për shije)
- Piper i zi i bluar (për shije)
- 2 lugë gjelle (30 ml) borzilok të freskët, të copëtuar
- 4 thelpinj hudhre, te grira
- 1 lugë gjelle (15 ml) vaj ulliri
- 1 limon i pergjysmuar

UDHËZIME:
a) Ngrohni duhanpirësin për gatim indirekt ose një skarë me qymyr për gatim me 2 zona, duke synuar një temperaturë prej 170°F (76°C). Shtoni patate të skuqura druri.
b) Ndërsa duhanpirësi ose grila nxehen, përgatitni peshkun. Kombinoni borzilokun, piperin e zi, kripën, hudhrën dhe vajin e ullirit në një tas të vogël. Përdorni një furçë për të aplikuar përzierjen në të dy anët e secilës fileto tilapia.
c) Vendoseni tilapinë në grilat e duhanpirësit ose të skarës. Mbyllni kapakun dhe vendosni vrimat e ventilimit të hapen. Monitoroni nga afër temperaturën duke përdorur një skarë ose termometër duhanpirës. Nëse temperatura fillon të bjerë, rregulloni kanalet e ventilimit në përputhje me rrethanat.
d) Pini duhan tilapinë për 1 $\frac{1}{2}$ - 2 orë.

e) Hiqni tilapinë nga duhanpirësi dhe shërbejeni çdo fileto me një fetë limoni të shtrydhur sipër. Shijoni shijet e shijshme të kësaj tilapie të tymosur!

OKTOPOD

91. Oktapod i pjekur në skarë me limon dhe hudhër

PËRBËRËSIT:
- 1 oktapod i plotë (rreth 2-3 paund)
- 1/4 filxhan vaj ulliri
- 4 thelpinj hudhre, te grira
- Lëkura dhe lëngu i 1 limoni
- 1 lugë majdanoz i freskët i grirë
- Kripë dhe piper për shije
- Copa limoni për servirje

UDHËZIME:
a) Ngrohni grilën në nxehtësi mesatare-të lartë.

b) Pastroni mirë oktapodin, duke hequr çdo sqep, sytë dhe organet e brendshme. Shpëlajeni mirë nën ujë të ftohtë.

c) Në një enë përzieni së bashku vajin e ullirit, hudhrën e grirë, lëkurën e limonit, lëngun e limonit, majdanozin e grirë, kripën dhe piperin.

d) Thajeni oktapodin me peshqir letre dhe lyejeni me furçë me përzierjen e limonit dhe hudhrës.

e) Vendoseni oktapodin në skarë dhe gatuajeni për rreth 5-6 minuta nga çdo anë, ose derisa të karbonizohet dhe të gatuhet.

f) Hiqeni oktapodin nga grila dhe lëreni të pushojë për disa minuta.

g) Pritini oktapodin në copa sa një kafshatë dhe shërbejeni të nxehtë me copa limoni.

92. Oktapod foshnja e tymosur

PËRBËRËSIT:

- 2 paund (0,9 kg) oktapod bebe
- 1 litër (946,35 ml) ujë
- 2 lugë kripë deti
- 1 lugë gjelle uthull vere të kuqe
- 2 lugë gjelle (29,57 ml) vaj ulliri
- ½ qepë e vogël e verdhë, e copëtuar
- 4 thelpinj hudhër, të prera
- 1 lugë çaji piper i zi i grirë

UDHËZIME:

a) Përzieni përbërësit e shëllirës, duke u siguruar që kripa të jetë tretur plotësisht. Vendoseni oktapodin në shëllirë dhe vendoseni në frigorifer gjatë natës.

b) Vendosni një duhanpirës elektrik në 250 gradë F. Ndërsa duhanpirësi po nxehet, njomni copat e drurit të hikut në ujë për 30 minuta. Hiqni oktapodin nga solucioni i shëllirë dhe vendoseni në raftet e duhanpirësit. Kur të kenë kaluar 30 minuta, kulloni copat e drurit dhe ia shtoni duhanpirësit.

c) Kur duhanpirësi të jetë gati, ulni temperaturën në 140 gradë. Vendosini përsëri raftet brenda duhanpirësit dhe tymosni oktapodin për 1 deri në 1-½ orë ose derisa të arrini shijen dhe strukturën e dëshiruar.

d) Pasi të jeni të kënaqur me rezultatet, hiqni oktapodin nga duhanpirësi dhe shijojini si meze të lehtë ose në pjata të ndryshme si sallata apo makarona.

93. Oktapod i pjekur në skarë me dëmtues o

PËRBËRËSIT:

- 2 paund (0,9 kg) oktapod, i pastruar
- 1 thelpi hudhër, e shtypur
- 2 lugë sheqer kaf
- ½ filxhan verë të kuqe
- 1 lugë gjelle gjethe trumze limoni

PESTO MAJONEZË:

- ½ filxhan (120 ml) majonezë me vezë të plota
- ¼ filxhan (60 ml) pesto të gatshme

UDHËZIME:

a) Në një pjatë bashkojmë oktapodin e pastruar, hudhrën e shtypur, sheqerin kaf, verën e kuqe dhe gjethet e trumzës së limonit. Lëreni oktapodin të marinohet për 1-2 orë. Kjo do ta mbushë me shije fantastike.

b) Pasi të ketë mbaruar koha e marinimit, përgatitni pjatën tuaj të nxehtë BBQ.

c) Gatuani oktapodin e marinuar në pjatën e nxehtë BBQ, duke u kujdesur që ta përzieni rregullisht. Grijeni oktapodin në skarë derisa të bëhet i zier dhe i butë. Kjo duhet të zgjasë rreth 10 minuta. Oktapodi do të përkulet dhe do të kthehet në një ngjyrë të kuqe, e cila është edhe tërheqëse dhe e shijshme.

d) Ndërsa oktapodi po piqet në skarë, ju mund të përgatisni majonezën Pesto.

e) Përzieni të gjithë majonezën e vezëve dhe peston e gatshme. Kjo salcë do të plotësojë në mënyrë të përkryer oktapodin.
f) Pasi oktapodi është bërë, ju keni mundësi për të shërbyer:
g) Majonezën Pesto mund ta shërbeni si zhytje së bashku me oktapodin e pjekur në skarë.
h) Përndryshe, ju mund të hidhni majonezë Pesto mbi oktapodin si salcë për një kombinim të lezetshëm shije.
i) Për të përmirësuar më tej shijet, mund të derdhni një përzierje me vaj ulliri, lëng limoni të freskët, hudhër të shtypur dhe majdanoz të freskët mbi oktapodin e pjekur në skarë. Ky hap shton një prekje freskuese në pjatën tuaj.
j) Nëse oktapodi është i fortë, mund ta zbutni përpara se ta piqni në skarë duke e zier në avull për rreth 4-5 minuta.

94. Oktapod me nenexhik në Barbecue

PËRBËRËSIT:
- 1 oktapod 3 deri në 5 kilogramë me qeskë, sy dhe lëkurë të kuqe Hiqeni
- ½ filxhan vaj ulliri të virgjër
- 1 limon, lëng dhe lëvore
- 1 lugë gjelle Piper i kuq i grimcuar
- 1 tufë rigon i freskët; të prera përafërsisht në kubikë
- 1 lugë gjelle piper i zi i sapo bluar
- 2 koka eskarole
- ½ filxhan Gjethe nenexhiku të freskët
- 4 copë.

UDHËZIME:
a) Ngrohni skarën ose skarën.
b) Vendoseni oktapodin në ujë të ftohtë me një tapë dhe lëreni të vlojë. Uleni nxehtësinë në valë të ulët dhe gatuajeni 35 deri në 40 minuta derisa të zbuten
c) E nxjerrim, e shpëlajmë dhe e presim në një enë përzierëse, i përziejmë së bashku vajin e ullirit, lëkurën dhe lëngun e limonit, piperin e kuq, rigonin dhe piperin e zi. Marinojini copat e oktapodit për 10 minuta dhe vendosini në një skarë. Gatuani derisa të bëhen krokante dhe të skuqen pak, rreth 5 minuta për çdo anë.

d) Kur oktapodi shkon në skarë, pastroni escarole nga gjethet e jashtme të dobëta

e) Pritini përgjysmë për së gjati dhe shpëlajeni mirë që të hiqet zhavorri. Vendoseni anën e prerë poshtë në skarë dhe gatuajeni derisa të skuqet lehtë, rreth 3 deri në 4 minuta nga njëra anë. Kthejeni dhe gatuajeni edhe 2 minuta dhe nxirreni.

f) Nxirreni oktapodin dhe vendoseni në shëllirë, priteni në copa sa një kafshatë me gërshërë dhe hidheni sipër eskarolit, spërkatni me nenexhik të freskët dhe shërbejeni.

SHPAPSHTA

95. Biftekë shpatë të tymosur

PËRBËRËSIT:
- Biftekët e peshkut shpatë
- Vaj ulliri
- Lëkura dhe lëngu i limonit
- Barishte të freskëta (të tilla si rozmarina ose trumzë)
- Patate të skuqura druri për pirjen e duhanit (druri i meskinës ose i lisit funksionon mirë me peshkun shpatë)

UDHËZIME:
a) Lyejini biftekët e peshkut të shpatës me vaj ulliri, më pas spërkatini me lëkurë limoni, lëng limoni dhe barishte të freskëta.
b) Ngrohni duhanpirësin tuaj në 225-250°F (107-121°C) dhe shtoni copëzat e drurit.
c) Vendosni biftekët e kalitur të peshkut shpatë në raftet e duhanpirësit.
d) Piqeni peshkun shpatë për 1-1,5 orë derisa peshku të jetë gatuar plotësisht dhe të mbushet me shije tymi.
e) Shërbejeni me një salcë gjalpi me hudhër dhe barishte.

96. Peshku shpatë Cajun i pjekur në skarë

PËRBËRËSIT:
- 4 biftekë peshku shpatë 8-oz; shkrirë
- 1 lugë qepë pluhur
- $\frac{3}{4}$ lugë çaji Piper i zi
- $\frac{1}{4}$ lugë çaji piper i bardhë
- 1 lugë gjelle Kripë
- 1 lugë trumzë
- $\frac{1}{2}$ lugë çaji pluhur Annatto; (për ngjyrën)
- 2 lugë çaji paprika hungareze
- $\frac{1}{4}$ lugë çaji Sherebelë
- $\frac{1}{4}$ lugë çaji Rozmarinë
- 1 lugë çaji Ancho pasilla cayenne chile; pluhur

UDHËZIME:
a) Vendosni përbërësit në llaç dhe bluajeni. Një mulli erëzash e bën fërkimin shumë të imët
b) Shkrini biftekët e peshkut shpatë dhe spërkatni bujarisht erëzat Cajun nga të dyja anët. Vendosni biftekët në një skarë të vogël mbi një enë qelqi në mënyrë që lëngu që del nga peshku të mos e lajë erëzën.
c) Marinojini për 1-2 orë në temperaturën e dhomës.
d) Grijini biftekët mbi qymyr të nxehtë me disa patate të skuqura mesquite për shije. MOS GATUAR TEPER.
e) Hiqini biftekët kur mishi në mes të biftekit sapo është zbardhur, rreth 140 F

97. Biftekët e peshkut shpatë me marinadë barishte limoni

PËRBËRËSIT:

- 4 biftekë peshku shpatë
- 1/4 filxhan vaj ulliri
- Lëng nga 1 limon
- Lëkura e 1 limoni
- 2 thelpinj hudhre, te grira
- 1 lugë majdanoz i freskët i grirë
- 1 lugë gjelle trumzë e freskët e copëtuar
- Kripë dhe piper për shije
- Copa limoni për servirje

UDHËZIME:

a) Në një tas, përzieni vajin e ullirit, lëngun e limonit, lëkurën e limonit, hudhrën e grirë, majdanozin e grirë, trumzën e grirë, kripën dhe piperin për të bërë marinadën.

b) Vendosni biftekët e peshkut shpatë në një enë të cekët dhe derdhni marinadën mbi to. Kthejeni për të veshur në mënyrë të barabartë. Marinojini në frigorifer për të paktën 30 minuta.

c) Ngrohni grilën në nxehtësi mesatare-të lartë. Hiqni biftekët e peshkut shpatë nga marinada dhe hidhni marinadën e tepërt.

d) Piqni në skarë biftekët e peshkut shpatë për rreth 4-5 minuta nga çdo anë, ose derisa peshku të jetë gatuar dhe të thekon lehtësisht me një pirun.

e) Shërbejeni të nxehtë me copa limoni.

98. Swordfish Skewers Me Marinadë

PËRBËRËSIT:
- 1 paund peshk shpatë, i prerë në kube 1 inç
- 1/4 filxhan vaj ulliri
- Lëng nga 1 limon
- 2 thelpinj hudhre, te grira
- 1 lugë gjelle rigon i freskët i grirë
- 1 lugë majdanoz i freskët i grirë
- 1 lugë çaji paprika e tymosur
- Kripë dhe piper për shije
- Copë limoni dhe salcë tzatziki për servirje

UDHËZIME:
a) Në një tas, përzieni vajin e ullirit, lëngun e limonit, hudhrën e grirë, rigonin e grirë, majdanozin e grirë, specin e tymosur, kripën dhe piperin për të bërë marinadën.

b) Fije kube peshku shpatë në hell.

c) Vendosni hellet e peshkut të shpatës në një enë të cekët dhe derdhni mbi to marinadën. Kthejeni për të veshur në mënyrë të barabartë. Marinojini në frigorifer për të paktën 30 minuta.

d) Ngrohni grilën në nxehtësi mesatare-të lartë.

e) Grijini hellat e peshkut shpatë në skarë për rreth 3-4 minuta në çdo anë, ose derisa peshku të jetë gatuar dhe djegur lehtë.

f) Shërbejeni të nxehtë me copa limoni dhe salcë tzatziki.

99. Shpatë me lustër me hudhër me mjaltë

PËRBËRËSIT:
- 4 biftekë peshku shpatë
- 1/4 filxhan mjaltë
- 2 lugë salcë soje
- 2 thelpinj hudhre, te grira
- 1 luge vaj ulliri
- 1 lugë gjelle lëng limoni
- Kripë dhe piper për shije
- Majdanoz i freskët i grirë për zbukurim (opsionale)

UDHËZIME:
a) Në një tas, përzieni mjaltin, salcën e sojës, hudhrën e grirë, vajin e ullirit, lëngun e limonit, kripën dhe piperin për të bërë glazurën.

b) I rregulloni biftekët e peshkut shpatë me kripë dhe piper.

c) Ngrohni grilën në nxehtësi mesatare-të lartë. Lyejini biftekët e peshkut shpatë me glazurën e hudhrës së mjaltit.

d) Piqni në skarë biftekët e peshkut shpatë për rreth 4-5 minuta nga çdo anë, ose derisa peshku të jetë gatuar dhe të thekon lehtësisht me një pirun.

e) Shërbejeni të nxehtë, të zbukuruar me majdanoz të freskët të grirë sipas dëshirës.

100. Spicy Cajun Swordfish

PËRBËRËSIT:

- 4 biftekë peshku shpatë
- 2 luge vaj ulliri
- 2 lugë çaji erëza Cajun
- 1 lugë çaji paprika e tymosur
- 1/2 lugë çaji pluhur hudhër
- 1/2 lugë çaji pluhur qepë
- Kripë dhe piper për shije
- Copa limoni për servirje

UDHËZIME:

a) Në një tas, përzieni së bashku vajin e ullirit, erëzat Cajun, paprikën e tymosur, pluhurin e hudhrës, pluhurin e qepës, kripën dhe piperin.

b) Lyejini biftekët e peshkut të shpatës me përzierjen e erëzave Cajun.

c) Ngrohni grilën në nxehtësi mesatare-të lartë.

d) Piqni në skarë biftekët e peshkut shpatë për rreth 4-5 minuta nga çdo anë, ose derisa peshku të jetë gatuar dhe të thekon lehtësisht me një pirun.

e) Shërbejeni të nxehtë me copa limoni.

PËRFUNDIM

Ndërsa arrini në fund të "E DJEGUR: UDHËZUESI I FUNDIT PËR BARBEKU PESHQIT", shpresojmë që të keni gjetur frymëzim dhe besim për të eksploruar botën e pjekjes së ushqimeve të detit në skarë me dëshirë. Nga të mësuarit se si të zgjidhni ushqimin më të freskët deri tek zotërimi i artit të erëzave dhe pjekjes në skarë, ky libër ju ka pajisur me njohuritë dhe aftësitë e nevojshme për të krijuar pjata të paharrueshme që do të kënaqin shijet tuaja dhe do t'u bëjnë përshtypje mysafirëve tuaj.

Pavarësisht nëse jeni një mjeshtër i kalitur i skarës ose një entuziast fillestar, ka gjithmonë diçka të re për të zbuluar në botën e Barbecue. Ndërsa vazhdoni udhëtimin tuaj të kuzhinës, ne ju inkurajojmë të eksperimentoni me shije, teknika dhe përbërës të ndryshëm , duke shtyrë kufijtë e asaj që është e mundur në skarë.

Mbani mend, gatimi i peshkut nuk ka të bëjë vetëm me gatimin - ka të bëjë me krijimin e përvojave të paharrueshme dhe ndarjen e vakteve të shijshme me ata që doni. Pra, ndezni skarën tuaj, përqafoni kuzhinierin tuaj të brendshëm dhe lërini shijet e ushqimeve të detit të zënë qendër në aventurat tuaja të kuzhinës.

Faleminderit që u bashkuat me ne në këtë udhëtim të shijshëm. Aventurat tuaja në skarë qofshin të mbushura me sukses të jashtëzakonshëm dhe momente marramendëse. Deri herën tjetër, gëzuar pjekje në skarë!

www.ingramcontent.com/pod-product-compliance
Lightning Source LLC
Chambersburg PA
CBHW070657120526
44590CB00013BA/994